"大运河人物故事"丛书

丛书主编 张廷皓

清初黄淮运综合治理探索者

靳辅

王聪明 著

南京出版传媒集团 南京出版社

图书在版编目（CIP）数据

清初黄淮运综合治理探索者——靳辅 / 王聪明著
. -- 南京 : 南京出版社, 2022.1
（“大运河人物故事”丛书）
ISBN 978-7-5533-3404-2

Ⅰ. ①清… Ⅱ. ①王… Ⅲ. ①靳辅（1633-1692）-生平事迹 Ⅳ. ①K826.1

中国版本图书馆CIP数据核字（2021）第177006号

丛 书 名 大运河人物故事
丛书主编 张廷皓
书　　名 清初黄淮运综合治理探索者——靳辅
作　　者 王聪明
出版发行 南京出版传媒集团
南 京 出 版 社

社址：南京市太平门街53号　　邮编：210016
网址：http://www.njcbs.cn　　电子信箱：njcbs1988@163.com
联系电话：025-83283893、83283864（营销）　025-83112257（编务）

出 版 人 项晓宁
出 品 人 卢海鸣
责任编辑 程　瑶
装帧设计 王　俊　张　森
责任印制 杨福彬

制　　版 南京新华丰制版有限公司
印　　刷 江苏扬中印刷有限公司
开　　本 787毫米×1092毫米　1/32
印　　张 3.75
字　　数 57千
版　　次 2022年1月第1版
印　　次 2022年1月第1次印刷
书　　号 ISBN 978-7-5533-3404-2
定　　价 15.00元

编委会

总 序

大运河是中国人民的伟大创造。这条始建于公元前486年的人工水道，作为中国历史上贯穿南北的大动脉，集漕粮运输、商旅交通、军资调配、水利灌溉等功能于一身，不但加强了全国各地区间的政治、经济联系和文化交流，维护了多民族大一统国家的稳定和发展，而且使北方的丝绸之路和南方的海上丝绸之路在古老大陆的东方形成了闭环，因而具有世界意义。时至今日，大运河沿岸遍布城镇、码头、仓库、船闸、桥梁、堤坝等各类遗存，构成了中国乃至世界范围内罕见的线性文化带，并成功地在2014年6月22日第38届世界遗产大会上入选《世界遗产名录》。2017年6月，习近平总书记对建设大运河文化带作出重要指示，指出“大运河是祖先留给我们的宝贵遗产，是流动的文化，要统筹保护好、传承好、利用好”。2019年2月，中共中央办公厅、国务院办公厅联合印发《大运河文化保护传承利用规划纲要》，就进一步保护好、传承好、利用好大运河沿线的丰富文化遗产提出了明确要求。

回顾大运河萌芽、发展和演变的过程，诸如国家政策、政治形势、军事需要、地理环境等，虽然也都会对其历史变迁产生一定程度的影响，但从根本上来看，“人”的作用往往显得更为重要。千百年来，大运河的规划者、开凿者、建设者、管理者、治理者，以及其他与大运河有关的各类人物，凭借着不拘一格的思考方式、与时俱进的思维理念、突破常规的制度创新、因地制宜的技术方法革新，比较圆满地解决了大运河形成过程中所遇到的自然、运输和管理等一系列问题，实现了大运河从地区性到整体性、临时性到制度性、零散性到系统性的质变。这些大运河历史上涌现出的杰出人物，作为创造、改变和塑造大运河的主体和关键，其思想观念中闪烁着的智慧光芒，和一言一行中表现出的担当作为，不仅是大运河历史上无比珍贵的宝藏，同时也是彰显和传播中华民族灿烂文明的重要文化遗产，值得我们进一步挖掘和弘扬。

与蔚为大观的河道变迁、漕运制度、城镇商业、文化风俗等成果相比，有关大运河人物的研究相对薄弱。为了展现大运河深厚而丰富的文化内涵，传承和弘扬中华优秀传统文化，南京出版传媒集团（南京出版社）决定推出一套“大运河人物故事”丛书。这套面向广大青少年读者的普及性读物，精选历代与大运河有关的著名人物，时间上从春秋战国直至民国时期，空间上则覆盖隋唐大运河、京杭大运河和浙东运河。每册均邀请学有专长的作者撰写，力图在准确把握史实的基础上，用生动活泼的语言文字，引人入胜的故事情节，丰富多彩的知识拓展，刻画每一位大运河人物的主要经历，涉及凿河规划、水利建设、漕运管理、治运思想与实践、研究著述以及后世影响等，在折射大运河变迁轨迹的同时，充分展现出这些人物与大运河的密切关系，以及对大运河的变迁所发挥的作用。

青少年是国家的未来和民族的希望，肩负着实现中华民族伟大复兴、建设社会主义现代化强国的历史重任。近年来，南京出版传媒集团（南京出版社）先后推出了“抵御外侮——中华英豪传奇”“抗战十四年·中华儿女传奇”等多套青少年读物，在培养青少年爱国主义精神、培育和践行社会主义核心价值观等方面，起到了十分积极的作用。衷心希望“大运河人物故事”丛书能成为广大青少年认识和了解大运河历史文化的良师益友，在深化他们对大运河文化内涵认知的同时，展现中华民族的聪明才智和中华文明的灿烂辉煌，为他们的健康成长树立文化自信，使之成为将来建设国家的栋梁之材。

（作者系中国文物学会大运河专业委员会主任委员、中国文化遗产研究院原院长）

目　录

第三章　治河思想倚陈潢

第四章　改挑修堵河工兴

第五章　朝堂河政争论生

引　言

在江苏淮安，有一座保存完好的著名园林，它的名字叫清晏园，是江南河道总督署的后花园。现如今，清晏园似乎更为当地人所熟知，河道总督署却僻处一隅，成为游客不常观览的场所。在江南河道总督署遗址的角落，有一尊身穿官服、手捻胡须的人物塑像，他就是这本小书要讲的主人公靳辅，也是这座河道总督署的第一任长官。清康熙十六年（1677），河道总督靳辅驻节此地，开始了他长达十余年的治河生涯。

与其他官员施政不同的是，治河是一项极具挑战性的差事，在各种河工设计和实施的过程中，有很多出乎意料的事情发生，这是一场与水争命、与天斗法的智慧劳动。同时，治河也牵扯到人情世故的纠葛纷扰。清初，河政弊端日益凸显，很多河臣都束手无策。靳辅在接手这个“烂摊子”时，也是畏惧恐慌的。起初，他对治河并不熟知，幸好有陈潢从旁协助，从计划到实施，靳、陈两人不辞辛劳、同舟共济，谱写了清代治河历史上的绚丽华章。

那么，这样的一篇治河华章，到底是怎样谱写出来的呢？在治河过程中，受制于人事和人心，靳辅遭受了各方的质疑和非议，他在宦海中经历了怎样跌宕起伏的岁月？其中，我们应关注康熙帝的态度，帝王的偏好和喜怒，决定了靳辅的去留。经历一番磨难之后，靳辅得以恢复声名。此时的他已近风烛残年，却仍披肝沥胆地筹划河务，最终病逝于清江浦的官舍之中，听来让人唏嘘不已。下面请跟随作者的笔触，一起体味靳辅的故事与人生。

第一章　辽东靳氏崭头角

靳氏族人数代传

靳辅像

靳辅，字紫垣，生于明崇祯六年（1633），即后金天聪七年。靳氏祖籍山东济南历城。明洪武年间，先祖靳清以百户的身份跟随军队戍守辽阳，于是靳氏族人定居于此。后来，靳清在战场上阵亡，朝廷为表彰他的功绩，使他的子孙后代享有“世袭千户”的恩荣。经过数代相传，至满族占领辽东后，辽阳遂被编入旗籍，从此靳氏一族隶属于汉军镶黄旗。靳辅的曾祖父靳守臣与祖父靳国卿，仅担任过乡里小吏，直到他的父亲靳应选，官居通政使司右参议，靳氏一族才算有点名气。

靳辅是家中的长子，还有两个弟弟靳弼和靳襄。

靳辅幼年时，知书守礼、善解人意。不幸的是，在靳辅九岁的时候，他的母亲就离开了人世。母亲去世后，父亲对兄弟三人的家庭教育并没有松懈，靳辅也特别关爱他的两个弟弟。除了靳辅之外，靳弼与靳襄也曾历任要职，靳氏家族因此逐渐显赫起来。靳辅的儿子靳治豫也因长期陪伴在父亲身边，随其治理河道，对河务有一定了解。鉴于此，雍正帝任命靳治豫为工部侍郎，协助处理河道工程事务。需要提及的是，靳治豫曾将靳辅奏疏整理刊刻，即《靳文襄公奏疏》，这是理解和认识靳辅治河思想和实践的重要著作。

靳辅早年经历略

清顺治六年（1649），靳辅初入仕途，充当笔帖式。三年之后，以官学生的身份考进国史院，且被授予编修，负责皇帝起居诏令、实录史书等的编纂工作。顺治十五年（1658），改授内阁中书。不久，擢升为兵部员外郎。康熙元年（1662），又升迁为兵部职方司郎中。康熙七年（1668），晋升至通政使司右通政；次年，又擢升为国史院学士，并担任编纂《世

小贴士：笔帖式

清朝官职名称。最初源于满语“巴克什”，意为有学问的人。清太宗设立六部，改巴克什为笔帖式。清朝入关以后，由于公文奏章逐渐增多，于是在六部九卿等衙门，皆置设笔帖式，使之成为正式的官职，专门负责将公文奏章中的汉文翻译为满文，以便皇帝御览。其官阶从九品至六品不等，出任者为满人，且升迁较快，被称为“八旗出身之路”。

祖章皇帝实录》副总裁官。康熙九年（1670）十月，升任内阁学士兼礼部侍郎。可见，靳辅的仕途晋升之路是比较顺畅的，诚如《清史稿》中载：“康熙初，自郎中四迁内阁学士。”靳辅之所以能取得如此显著的晋升成就，一方面得益于他的聪颖好学，对朝廷与国家典章制度了如指掌，另一方面与他忠厚纯正、实心任事的秉性也不无关系，由此颇受朝廷的赏识和器重，被派遣出任地方行政要员。

安徽巡抚办实事

康熙十年（1671），靳辅被委任为安徽巡抚。当时，安徽地区连年发生水旱灾害，老百姓白白忙活一场，以至于连温饱问题都解决不了。更严重的是，频繁发生的灾害导致大量荒地出现，有些官员以垦荒的名义，将这些荒地向上虚报，并借机向老百姓征收赋税。被逼无奈，大量百姓流落他乡，由此造成田地更加荒芜的窘境。靳辅到任之后，关心讲求民生家计，通过各种抚恤措施，招徕民众回乡耕种，有数千户人口返回故里。次年，临淮、灵璧等县官员，虚报垦田地亩的伎俩被靳辅查明识破，于是他奏请豁免田粮，减轻了当地百姓的经济负担。

不过，靳辅认为奏请豁免田粮并非长久之计，一个地方要想发展得好，必须依靠当地农业生产力的提升，让老百姓真正掌握农业的生财之道。为此，他把关注的焦点锁定在凤阳县。靳辅一针见血地指出，苏州、松江方圆仅三百里，向国家缴纳的赋税在全国首屈一指，而凤阳达到了方圆五百里，缴纳的赋税却不及苏松地区的十分之一。即便考虑到土地肥瘠的差异，也不至于产生

小贴士：沟田法

一种农田水利方法。以十亩为一畘（nán），以二十畘为一沟，在二十畘田亩的周围开凿沟渠，并将开沟时挖出的土堆筑成路，称为“沟道”，沟道比沟渠高一丈二尺五寸。水涝之时，就把田地多余的水排泄进入沟渠；干旱之时，则利用水车汲水灌溉农田。

如此悬殊的差别吧？经过反复思索，靳辅找到了问题的症结所在，那就是凤阳农田水利的废置与失效。为了改变这种局面，靳辅主张实行沟田法。这一方法可有效调节农田中的水量供需矛盾，是发展农业生产的良好举措。可惜的是，因为三藩叛乱的突然发生，沟田法被迫终止施行。

康熙十三年（1674），吴三桂、耿精忠的叛军，分别从湖南、福建进攻江西。因为安徽毗邻江西，康熙帝命令靳辅加强地方防御。靳辅着力招募乡兵加以操练，同时在安庆、贵池等地增兵设防，严格把守关卡要道，又派人前去侦察敌情。这不仅保障了安徽地区的防卫与安全，也对江西的平叛战争发挥了作用。值得一提的

康熙平定三藩图

是，在三藩叛乱兴起的时候，有些地方匪寇势力蠢蠢欲动。一个名叫宋镳的人以歙县山区为据点，企图乘机作乱，且对周边安全造成巨大威胁。靳辅施以奇计，在巢湖一带消灭了这股叛变势力。

朝廷平定三藩等叛乱，导致军需费用与日俱增，户部、兵部官员试图以减省驿递经费，来弥补军饷的不足。靳辅的观点则与此相反，上奏说“省费莫先省事”。他进一步解释，目前总督、巡抚、提督、镇守等各级官员，每遇一事就必派专人骑马报送，这造成了大量人力、物力的浪费。为今之计，应当规定，只有军机要务才能派专人骑马奏报，其他次要的事情以三件为标准，集齐汇总之后再向上奏报。由此，不仅减省了驿站的运行成本，也可佐助军事费用的需求。这件事情显示了靳辅非凡的见识和能力，颇受康熙帝的赞赏，遂被加授兵部尚书的职衔，亦因此被赋予治理河道的重任。

第二章　河道敝坏接重任

黄淮合流积弊深

黄河是中华民族的摇篮，是我们的母亲河。

由于黄河中游土质疏松，易受侵蚀，水土流失严重，导致携带大量泥沙汇流入海。在很长一段时期，黄河虽有迁徙流变，不过基本上从西北、华北流入渤海。南宋以后，黄河出现逐渐南徙的趋势。建炎二年（1128），宋军将领杜充企图以水代兵，人为掘开黄河大堤，阻止金兵的强势进攻，开启了黄河夺淮入海的历史。此后，黄河下游形成了数条泛道入淮的局面，河道摆动的趋势愈益向南。明嘉靖后期，黄河流向基本保持在今江苏境内的废黄河一线。

淮河也是一条历史悠久的河流，曾与长江、黄河、济水并称为“四渎”。原来，淮河有着独立的入海通道，彼时的淮河性情是比较温顺的，以丰富的资源滋养

废黄河（响水至滨海段）

着沿岸的民众，遂有“走千走万，不如淮河两岸”的俗谚。不过自从黄河南徙侵夺淮河水道之后，黄淮平原的历史发生了巨大的变化。经世思想家顾炎武说：“淮狭而不能容，又高而不利下，则频岁决于邳、宿以下。”可见，淮河愈益承受更多的水量，包括黄河及汴河、泗水、沂水等，而且还要承受泥沙沉积带来的危害。危害的具体表现是，水量增大超出了淮河流域的承受能力，造成河水流速变得湍急，引起频繁的决口和漫溢；泥沙的侵入淤塞河道，使得淮河难以畅流直下，更加剧了决口和漫溢的问题，也威胁到淮扬民众的生命和财产安

小贴士：束水攻沙

中国历史上的一种治河主张。西汉时期张戎较早提出这一主张，他认为，水都有往下流的特性，水流速度快了，挟带泥沙的能力增强，河体自然就变深了。后世对这一主张多有发展，尤其是明代，万恭对此进行阐述，潘季驯更是加以充分发挥和运用，清代的靳辅、陈潢也都坚持这一主张。其方法是在宽浅河段修筑堤防，将水流控制在狭小范围内，形成较强的流速和力量，以此达到冲刷泥沙的目的。

全。针对这些问题，明代治河名臣潘季驯通过修筑河堤，实行了“束水攻沙”的策略。这一策略对后世影响深远，靳辅、陈潢等人就是在继承潘氏理论的基础上，加以发挥创新并展开治河实践的。

康熙朝政乱纷忧

康熙六年（1667），当时年仅14岁的玄烨摄理朝政，是为康熙皇帝。虽然年纪尚轻，不过对于如何治理

康熙皇帝像

国家，康熙帝始终秉持理智思考和清醒认识。当时，影响到清王朝统治的有三件大事：三藩、河务与漕运，为了时刻警醒和告诫自己，康熙帝亲自书写这六个大字，悬挂在宫殿中的柱子上。这三件大事并不是相互独立的，而是互相牵涉、彼此关联的。

“三藩”指对建立清朝做出贡献而封赐的三位藩王，即平西王吴三桂、平南王尚可喜、靖南王耿精忠。他们拥兵自重、割据一方，这必然威胁到清朝政权统治的稳定和安全。康熙帝亲政以后，将三藩问题视为重中之重。要想平定三藩，必须具备充足的军用物资作为保障，这些军用物资的获得则依靠漕运，漕运的有效运行则依赖于河道畅通。

然而，清初的河道治理并不尽如人意。顺治元年至康熙十五年期间，只有十年左右，黄河下游没有决溢。黄河决溢时，淮扬地区的民众深受其害，庐舍屋宇漂没不存，田禾苗稼尽被淹没。同时，由于当时社会经济尚未恢复，国家财政收入尚不充足。康熙十一年（1672），三藩叛乱强势爆发，各地反叛活动风起云涌，清政府的大部分财政收入，均用于镇压地方叛乱。

由此，河务在三藩叛乱的掣肘下举步维艰，历次更换的河道总督都没有扭转河道整治的困境。受制于军

小贴士：河道总督

官职名称，又称“河帅”。明代，朝廷常派都御史治理河道。清初，承袭明制，设总河一职，驻济宁州，掌管黄河、运河及永定河的疏浚与治理等事。康熙年间，由于江南河工趋向紧要，“总河”移驻清江浦。雍正七年（1729），改总河为总督江南河道，简称南河，驻清江浦；同时，设总督河南山东河道，简称东河，驻济宁州。雍正八年（1730），因直隶河工紧要，增设直隶河道水利总督，简称北河，驻天津。其中，总督江南河道是国家专设的河道管理与决策机构，管理江南省境内的黄河、淮河、运河，其最高行政长官称南河总督或江南河道总督，下设文武两套系统，所属包括河库道、管河同知、通判等职官。咸丰年间，江南河道总督被裁撤。

费所需等其他因素的局面，在后来的治河活动中仍然存在。对此，康熙帝陷入忧虑和深思之中，他必须遴选出一位善治河务的人来担当重任，靳辅恰在这样的历史契机，登上了清朝的政治舞台。

赴任河督访查切

康熙十六年（1677），因为治河无功无能，总河王光裕被革职罢免。康熙帝正在为新的河道总督人选犯愁的时候，大学士明珠向他推荐了时任安徽巡抚的靳辅。当初，靳辅接受康熙帝的任命奔赴安徽，任职期间，他招徕流落百姓、发展农田水利、减省驿递经费等措施和建议，都彰显出他兴利除弊、实心任事的优秀才能和品质。对于靳辅的这些卓著政绩，包括康熙帝在内，大家都是有目共睹的，明珠的举荐使康熙帝再次注意到了靳辅。三月，靳辅被委任为河道总督，这一年靳辅45岁，由此开启了他十余年跌宕起伏的治河生涯，直至60岁病逝时他都在致力于治河活动。

明清之际，政治局势动荡不安，各方军事力量频繁交锋，根本没有精力顾及河工事务。由于长期疏于

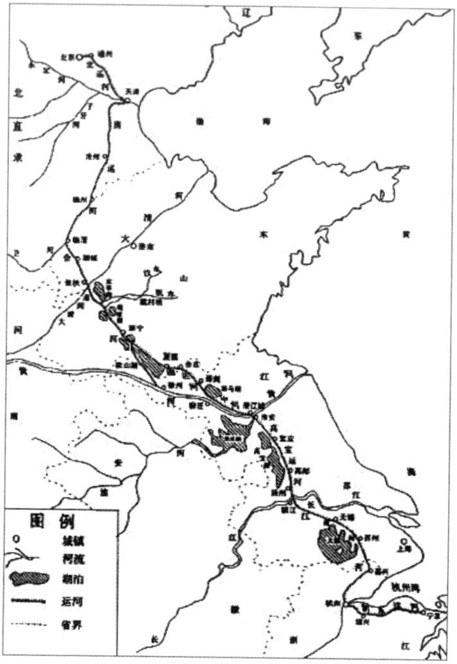

明清大运河示意图(《济宁运河文化研究》)

管理，不仅河官怠惰、河夫逃离现象严重，而且私启闸坝、盗取木料、偷掘堤工等问题也很突出，再加上自然灾害与环境因素的影响，导致清初河患特别严重。靳辅被授任河道总督后，随即从安徽赶赴宿迁。到任之后，靳辅急切要做的第一件事，就是对黄河、运河等河道进行实地勘察。他与其他河务官员，一起跋涉于河堤岸边，仔细考察河势与水情。当时，黄河

宿迁城“镇黄门”石匾额

从萧县以下四处溃决后，漫流于宿迁、沭阳、安东等地，黄河所决之水也向南汇入洪泽湖，辗转淹没里下河各州县，作为漕运咽喉的清口等地也尽被淤塞，一派民生凄惨凋敝的景况，难怪靳辅会发出“河之坏极矣”的喟叹。

虽然靳辅治河的心情急切，但是他在勘察河道水势之后，并没有贸然展开他的治河计划和实践，而是更加深入地进行访谈和咨询。靳辅曾说，无论是有一定文化水平的士绅，还是士兵、工匠、夫役等普通民众，他们说的凡是有道理的建议，都应该被虚心地采纳和接受，只有这样，制定出来的治河规划才能公允得当。在访谈与咨询的两个多月时间里，靳辅竭尽全力地思索当前河

洪泽湖远眺

政敝坏的深层原因，在反复求证的过程中，逐步理清治河的思路，制定切合实际的方法。当然，靳辅治河理论和思想的形成，并不完全是他个人的功绩，很大程度上也得力于幕僚陈潢的鼓励和襄助。

第三章　治河思想倚陈潢

传言相遇吕祖祠

陈潢，字天一，号省斋，浙江钱塘（今杭州）人。陈潢出生于布衣平民家庭，不过他自幼聪敏好学，喜欢阅读经世致用的书籍，尤其热衷于水利方面的学问和著作。为了更加深入地理解水利问题，陈潢先后到宁夏、河套等地进行实地考察，从而积累了丰富的水利知识和经验。然而，这些知识和经验，并没有让陈潢跻身于仕宦行列。因为科举考试注重程朱理学、八股章句，而这恰恰是陈潢所反感和厌恶的，这自然就导致了他“连试不遇”的科场命运。科场的连连失意并没有

陈潢像（《水利名贤》）

改变陈潢的初衷，反而让他更加潜心于水利之学，努力探求历代治河思想和实践的利害得失，他尤其服膺明代潘季驯的治河理论。

康熙十年（1671），陈潢为生活所迫，到京师游学，希求谋得差事，然而却一无所获，只好满怀忧愤地离开京师。据说，他在途经邯郸吕祖祠的时候，千愁万绪不禁涌上心头，于是在祠中墙壁上奋笔疾书一首七言诗，曰：“四十年中公与侯，虽然是梦也风流。我今落魄邯郸道，要替先生借枕头”，这首诗虽慷慨豪迈，不过仍不难看出陈潢心中的苦闷，希望以助“先生”一臂之力的方式，施展自己的才能和抱负。

小贴士：吕祖祠

或称吕仙祠、吕翁祠，位于河北省邯郸市丛台区黄粱梦镇境内。据传，该祠依照唐代传奇《枕中记》“黄粱梦”故事修建，因此又称黄粱梦庙或睡公庙。在邯郸市丛台区南吕固乡亦有一座吕祖祠，相传吕洞宾死后葬于此地。这两座吕祖祠中的“吕祖”，应该都指吕洞宾，它们是认识吕祖信仰和文化的重要遗迹。

不久，从北京去安徽赴任的靳辅，也路过吕祖祠，当他看到墙壁上的这首诗，颇为称奇，赞赏有加。靳辅又惊喜发现墨迹未干，心想作诗之人应该没有走远，便立即吩咐仆人前去寻找。于是靳辅与陈潢就在吕祖祠中，命中注定地相遇、相知。

这是靳辅与陈潢相识较为流传的版本，不过靳辅自己却没有讲过这样的故事，而是在悼念陈潢的《义友竭忠疏》中，提到二人初次相见的场景。靳辅说，浙江钱塘县的一位儒生陈潢，来到京师游学，偶然间与我相遇。我看他的身形魁梧，仪表庄重，言谈举止都彬彬有礼，于是我就聘请他与我同行，一起奔赴安徽任职，并且让他教导我的儿子。由此可见，靳辅与陈潢的相遇并不是在邯郸的吕祖祠，而是在京师的某个地方。不过可以确信的是，靳、陈二人相见甚欢，靳辅赞赏陈潢的学识和眼界，陈潢也对靳辅的性情颇有好感，于是当靳辅聘请陈潢充当幕僚的时候，陈潢满心欢喜地答应下来。靳辅担任安徽巡抚、河道总督期间，所采取的措施、提出的奏议，很多都是由陈潢佐助而形成的。

治河须持全局观

清初，河政已到了敝坏至极的地步，河道总督连续换人，这并不是简单的职位更替，其背后必然是相应的问责乃至惩罚，以至于朝野上下都将之视为畏途。靳辅刚被授任河道总督的时候，心中也是忐忑不安的，因为当时他对于治河还只是外行而已，担心重蹈前任河督的覆辙。身为幕僚兼挚友的陈潢，一下子就看出了靳辅的忧虑。陈潢非常坚定地对靳辅说，“碰到这种棘手的事情，所有人都会畏惧，但是如果能实心任事的话，那

靳辅、陈潢塑像

么天底下就没有办不成的事情。面临河道长期没有得到治理的局面，正是可以施展才能和抱负的绝佳机会，而能够担此重任的人只有靳公您了。”陈潢还表态，“如果您能全身心投入治河事业，我定当为您鞍前马后地效力。这样的话，不仅靳公您可以报效皇恩，我这一介布衣也可发挥所学、达成夙愿。”听了陈潢的这番豪言壮语之后，靳辅猛然醒悟，遂矢志于治河事务，由此开启了靳、陈合力治河的新局面。

在以往的治河理论和实践中，大多存在“重运轻黄”的弊病，也就是只重视与漕运直接相关的运河，而忽视对黄河的治理。不过追根溯源的话，运河的淤塞完全是黄河冲决、倒灌的结果。退一步讲，即便黄河变迁与运河淤塞没有直接关系，但是它也关系到诸省百姓的安危，从这个角度出发，也不应该任由黄河肆意横流。更何况黄河决口的次数和地方愈多，运河被淤塞的可能性就愈大。因此，靳辅认为当前的河道治理，已经不能只着眼于尺寸之间，而应该综合衡量河道治理的全局，将黄河、运河视为休戚与共的整体，只有这样才能保证黄河安流、运河畅通。

这种综合全局的治河思想，在河道上游与下游水患的关系中，也有非常明显的体现。在以往的治河活动中，大多是哪里出现决口，就在哪里进行堵塞；哪里出现淤塞，就在哪里进行挑浚，这就是俗称的“头痛医头、脚痛医脚”的鄙陋方法。陈潢则深刻地阐释说，如果河道的下游发生水患，但是导致水患的原因却在上游，此时再治理下游肯定解决不了问题，必须溯流而上找出水患发生的真正原因才行；同样的道理，河道上游发生水患，而患因却是在下游，这就需要整治下游才能平息水患。因此，必须对河道上下进行实地调查，摸清地势高低、水势变化，然后再制定治理规划和措施。

起初，靳辅对于陈潢的这一认识并不赞同，他认为河道走势已经详载于文献之中，又有地图可资参考，何必到实地去考察呢？陈潢解释道，“古今发生水患的河虽然相同，但是地点却不断变化；古今治河的道理虽然相同，不过消弭水患的策略必然不同。如果只是按照史籍中的记载，这岂不是犯了按图索骥、刻舟求剑的错误了吗？”靳辅茅塞顿开，于是对河道形势及各冲决堵点，展开实地勘察，逐渐形成了系统科学的治河思想。

治沙治水并齐驱

河流之中既有水，也有沙，两者皆维持在限定的程度，发生水患的概率就比较小。而“善淤、善决、善徙”的黄河南徙后，极大增加了淮扬河道中的水、沙含量，治水与治沙成为历任河道官员治河的两大难题，其中以治沙更居首要位置。对于治沙的问题，明代潘季驯创造性地提出“束水攻沙”的理论，也就是通过修筑堤防的方式，将水流约束在固定的河道之中，以此加快水

寓意深刻的治水楹联

流的速度和力量，达到冲刷泥沙入海的目的。陈潢对于“束水攻沙”的理论尤为信服，靳辅却有所迟疑。陈潢表示，当河水来势凶猛时，确实应该分杀其水势，不过对于平时的淤塞而导致溃决的情况，则应该汇合其水流。可见，在大部分的时间里，主要采用“束水”来解决泥沙淤积的问题，这种方式尤其适用于河道下游地区的水患治理。

靳辅听后疑虑消散，奏请挑浚从清江浦以下经云梯关直至海口的淤泥，试图实现导黄、导淮归海的目的，这是靳辅治河的首要工程。值得强调的是，靳辅、陈潢

小贴士：寓浚于筑

一种治河方法，是由靳辅提出的。他认为，通过筑堤束水实现刷沙的目的固然不错，不过如果河道已经淤塞五年以上，淤泥已经干结，很难冲刷，因此必须设法加以挑浚，挑浚之后就等于开凿了一条新的河道，同时把挑挖出来的淤泥与沙土，堆筑在新河道的两岸作为堤防。也就是说，既然需要修筑堤防，与其从别的地方取土，不如就从河身之中取土。可见，这是一举两得的计策和方法。

虽然服膺于“束水攻沙”理论，不过他们又进一步创造和发挥，提出了“寓浚于筑”的治河思想和方法，这一方法既节省了大量的人力、物力成本，又能较迅速地达到“束水攻沙”的目的。

而“束水攻沙”理论的实施，必须建立在深刻领悟河水特性的基础之上，这种特性被概括为“就下之性”，也就是俗称的“水往低处流”。这种特性大家都明白，不过直至潘季驯，才开始把它运用于治河活动中，并逐渐丰富了中国的河工理论体系。靳辅、陈潢也深谙此道，懂得如何科学地把握河水特性，更重要的是能顺应河水特性，坚持做到因势利导、因地制宜，对不同的河段采取相应的治理策略。正是在这种思想的指引下，他们才取得了显著的治河成就。

在靳辅、陈潢的治水思想中，还有一个重要的特点，那就是治河必须先从下游着手。“束水攻沙”“寓浚于筑”的策略，就是针对河道下游水患问题的。在下游水患问题初步得到解决之后，他们又致力于解决上游的水患，修建减水坝是其最主要的措施。在靳辅的主持组织下，先后在萧县、砀山、宿迁、桃源、清河、安东等县黄河南北两岸，修建了13座减水坝，后来又有增

小贴士：减水坝

一种修建在河道一侧的泄水设施，又称“分洪坝”“滚石坝”。减水坝始创于潘季驯，清初靳辅等人仍倡导修建。其工作原理是：当洪水暴涨来袭时，堤防面临被冲毁的危险，泄水量明显超过下游河道的承受范围，此时就需要修建减水坝，以此将部分水流导归别处，达到消杀水势的目的，减轻下游河道及河堤的压力。需要强调的是，减水坝设置的地点，必须选择低洼且坚实的地基，尽可能减少被洪水冲毁的危害。另外，减水坝的启闭也有严格的要求，必须等到洪水上涨至规定水位线时，才会按照次序分别启放。

设，这些减水坝用于宣泄河道过多的水量，尤其适用于洪水暴涨时分泄水势的情况。其实潘季驯在治河的时候，已经有减水坝的设置，靳辅比潘季驯更加高明的地方在于，他为每一座减水坝又增设了闸座，这样不仅可以宣泄洪水，而且还可以灵活调节所泄之水，取得更好的治理效果。虽然如此，减水闸坝的设置，也引起了诸多反对的声音，这使靳辅的治河生涯多有坎坷。

谈到靳辅、陈潢的治河思想时，还有一些别具创新的方法不容忽视，包括“测水法”“开引堵决法”“放淤固堤法”等。其中，测水法的核心思想是用测量土方的手段来推测水量。借助这一方法，可以准确地使河道上游和下游间的水量，达至一种均衡协调的状态。可以说，在靳辅、陈潢的努力下，中国的治河理论与技术，逐渐迈上了科学的道路。以上这些治河思想和方法，大多是陈潢对以往治河理论的发扬和创造，不过在与陈潢进行反复商讨、切磋的过程中，靳辅从一位对治河茫然无措的门外汉，逐渐具备了科学的治河思想和技术水平，从而影响了中国河工理论的创新和发展。

一日八疏表心志

经过实地勘察河情水势，再加上陈潢治河思想的指引，靳辅对于如何治理敝坏至极的河政，终于形成了较为周密翔实的规划和方案。于是，靳辅从黄河、淮河、运河全面治理的角度，提出了一系列亟待落实的河工大修事宜，并在康熙十六年（1677）七月初六这一天，将这些具体的计划和举措汇为八疏，连续上奏呈请御览，

云梯关

在中国治河史上留下了一段“八疏同日上之”的佳话。前五疏内容归纳如下：

第一疏，采用“寓浚于筑”的策略，挑浚清江浦以下经云梯关直至海口的河道，同时开凿新的引河，以淤泥修筑黄河堤堰。

第二疏，挑浚高家堰以东至清口的淤垫地带，使淮水畅流如注，以清刷黄。

第三疏，在毗邻洪泽湖的高家堰沿线，一律帮筑碎石坦坡，抵挡湖水强烈的冲击。

第四疏，修筑古沟、翟家坝（位于今盱眙境内）等处堤工，并堵塞黄河、淮河沿岸各处决口，使黄河复归故道。

第五疏，筑塞通济闸坝，挑浚挖深运河，堵闭清水潭等处决口，以通漕运。

总体来看，前四疏奏请实施治黄与治淮工程，第五疏奏请治理运河，这五疏探讨的皆是兴利除弊的河道

小贴士：治河如治军

治河像一场没有硝烟的战争，它的对手是水和天，是一场与水天争胜负的战争。因此，陈潢把治河比作治军，把筹集经费比作粮饷，把修筑堤防比作军备。在这一思想影响下，靳辅上奏请求设立河兵营制度，按照军事化的模式来管理治河，杜绝了以往河务中的诸多弊端，为河工建设提供了充足稳定的人力保证，大大提高了治河的效率和效果，这是中国河工史上的一项创举。

修治工程。其他六、七、八疏探讨的是河政管理问题，包括筹划钱粮途径、裁并河工冗员、增设河兵驻守等事项。这八道奏疏前后相续、迭为主次，不仅体现了靳辅日臻成熟的治河思路和方法，也彰显出他誓要革除河政弊病的魄力和决心。

靳辅在这八道奏疏的末了，向朝廷立下了军令状，表明如果三年内不能取得实效的话，甘愿接受任何形式的处罚。这样的思路和方法，这样的魄力和决心，让康熙帝对靳辅治河充满信心，似乎可被视为“一劳永逸之计”。然而事情并没有想象的那么顺利，八道奏疏呈请之后，交给朝廷相关官员商讨，得出的结论是：由于这些工程所需费用太多，雇用夫役人手也太多，因此不宜操之过急，可以先酌情修建某些紧要的工程，至于其他次要工程，应该等到平定三藩叛乱之后再予以考虑实施。廷议的结论传达给靳辅，命令他慎重考虑再行奏请。

同年十二月，靳辅再次上奏八疏，即敬陈经理河工八疏。在这八疏之中，靳辅仍然主张实施大修工程，与此前的八疏大体相同，只是第一疏中关于延长黄河堤工的修建长度，原来奏请修建清江浦以下直至海口的堤工，此时则向西扩展至徐州一带。康熙十七年（1678）正月，廷议的结论是准予施行。康熙帝也明确表态说，治河乃国家大事，应该拨发国家正项钱粮，同时广泛开展捐输途径，以佐河工经费之不足。

至此，靳辅积极筹划的大修工程，几经周折之后，终于得以全面实施。在这些工程实施的过程中，靳辅对治河方案先后予以修正，比如减水坝的设置与运作等。同时，在大修工程实施的过程中，某些重要的河工随之次第兴举。

第四章　改挑修堵河工兴

酌改运口坦途通

明清治河的主要目标在于维护漕运畅通，靳辅治河也为实现这一目标而不懈努力，运口的筹划与改建便是其河道治理的重要手段。要想明白靳辅改建运口的问题，必须向前追溯至明代。

明初，江南等地漕粮从瓜洲进入扬州北上，逶迤行驶四百多里后抵达淮安，经由平江伯陈瑄开凿的清江浦河，抵达新庄闸运口，这是里运河的南运口，出了这一运口后便进入淮河，南运口也就是里运河入淮口。明嘉靖以后，黄河固定走泗水夺淮入海，位于新庄闸的南运口就成为黄河、淮河、运河三河交会的地方，河情水势纷繁复杂。

嘉靖三十年（1551）黄河、淮河暴涨，导致新庄运口严重淤塞，于是新庄运口被堵闭，南运口被迁移到三里沟。本来以为新运口在黄淮交会处上游，不会遭受

小贴士：运口

运河与其他天然河流的交会口。《六部成语注解·工部》中记载：“运口，运船出入之口”，即运河上的船只，进出其他河流的口门。一般来说，由于地形、水位等因素的影响，运口附近的河情水势较为复杂，必须修建某些河工设施调节水量，保证运船的顺利通航。受黄河等水道暴涨、倒灌的侵害，运口的位置历经迁移，其实这是交通形势的变化，也会导致当地社会经济的变化。

河水倒灌的危害，殊不知此时的黄河倒灌已经升级，三里沟运口仍然难逃其害。万历元年（1573），总河万恭又将南运口迁回新庄运口。不过新庄运口的位置逼近黄河，仍难免倒灌淤塞。万历六年（1578），总河潘季驯把南运口改迁至甘罗城南里许，即位于永乐新庄运口与嘉靖三里沟运口之间。然而新运口距离黄淮交会处仅二百丈，黄河仍倒灌进入运河，挑浚工程无休无止。即便如此，直至明末南运口的位置未再迁移，而是采取某些权宜之计，比如开辟永济河济运、严格申明各种禁令等，借此度过了明末漕运的艰难历程。

清初，朝廷继续沿用旧制，严格执行闸坝启闭的规定，命令官民商船盘坝通行。然而，这种权宜之策不仅不利于船只往来通行，而且也没有彻底解决漕运问题，黄河水流仍然不时倒灌进入运河。于是，改建南运口被提上了靳辅治河的工作日程。经过实地勘察之后，靳辅认为应在烂泥浅上开辟新运口。所谓烂泥浅，指河流泥沙长期堆积形成的浅滩，这是南运口附近地区河道变迁的自然结果。烂泥浅的出现阻挡了淮河的去路，使之不能进入运河发挥刷黄济运的作用，不过它为新运口的开辟提供了良好的条件。

康熙十六年（1677）九月、十月间，靳辅组织民力，在烂泥浅上开凿第一道引河；次年春天，又组织开凿烂泥浅第二道引河。引河的开凿是为改建运口做准备的。康熙十七年（1678）十月，靳辅上奏《酌改运口疏》，陈述改建运口的想法。他认为，应该先将当前的运口完全筑塞，然后从文华寺以南淤高之地，挑浚七里至七里闸，便以七里闸为新运口。从新运口再沿着西南方向，挑浚七八里至武家墩，再沿着西北方向挑浚三里左右，到烂泥浅第一道引河的上流，这样就可以利用以上河道进行通漕转运了。同时，趁当年冬天河水干涸的时候，将烂泥浅第二道引河临近洪泽湖的地方，再挑浚烂泥浅的数条小支河，借此导引洪泽湖清水进入第二道引河，经此流注清口，实现用清刷黄的目的。

奏疏呈请之后，康熙帝准予施行。康熙十八年（1679）正月，改建南运口工程正式兴工，当年四月初全部工程告竣。七里闸新运口设置后，所有北上的漕船以及官商民船等，均从文华寺出七里闸新运口，再绕至武家墩进入烂泥浅第一道引河的上流，然后再转至清口进入黄河。这样的话，新运口与黄淮交会处则相隔十余里，而且河身蜿蜒曲折，另外又有诸多支河以敌黄河，所以即便是秋季黄河暴涨的时候，也不容易遭受黄河倒灌之害，由此则省却年年挑浚之苦。结果正如靳辅所预想的，烂泥浅新运口开辟之后，一应船只经历此地，“扬帆直上，如历坦途”，黄河倒灌、运河淤垫的问题初步得到解决。

挑浚皂河济漕运

黄河南徙侵夺泗水、淮河，给黄淮流域带来了不少灾难，同时也迫使当地借助其水道转运漕粮及其他物资，也就是所谓“借黄行运”，这是一种不得已而为之的办法。明代徐州、宿迁一带，曾较长时期地利用黄河转运。而黄河水道“善淤、善徙、善决”，在转运漕粮与物资的过程中，经常造成过往船只的破损乃至倾覆沉溺。为了遏止这种悲剧的反复上演，明万历三十二年（1604），总河李化龙组织开凿泇河通运，从夏镇李家口至邳州直河口，全长二百六十多里，由此避开了徐州附近的黄河险要区段。靳辅组织开凿的皂河，也是基于同样的谋划。

当然，皂河的开凿，与邳州和宿迁运口、运道变迁，有着更加直接的关系。明末，处于泇河南端的直河口淤塞，于是运道改从董口接入泇河。康熙八年（1669），董口也被淤塞，运河遂取道于骆马湖。其实，借助骆马湖通漕行运，也是勉强维持的局面。骆马湖区本来是一片田地，明末因为黄河漫溢，停留蓄积成湖，属于季节性水域。夏秋水涨的时候，船只行运不成问题；冬春枯水时节，漕运为之阻滞不前。又因为水面辽阔，导致纤夫牵挽漕船，根本没有用武之地，所以每当漕船抵达时，总要派出数万名夫役兵卒，将淤浅之地挑浚挖深成渠，从而将漕船浮送出去。过不了多久，这挑深之渠就被淹没于风浪之中。这样的劳役年复一年，宿迁百姓不堪困扰，叫苦不迭。

靳辅经过实地调查后发现，宿迁西北四十里处的皂河集，有一条淤废已久的旧河道，如果能重新挑浚使之贯通的话，则可以上接泇河、下达黄河，由此就可以避开骆马湖以行漕运了。靳辅将这一想法拟为奏疏上呈，康熙十八年（1679）十月，朝廷批复准允靳辅的奏请。次年春天，挑浚皂河的工程正式开始，即南起皂河口，北至温家沟，选择水深的地方继续挑浚，并将所挑之土堆筑于河岸两边，作为防御水患的堤堰，诚所谓“取水中之土，以筑水中之堤”。因工程地处皂河集地方，故命名为皂河。

计划已经安排就绪，但是没料到的是，入夏以后，

皂河古镇

接连遭到大雨侵袭，导致山阳、清河等县沿河堤岸，均被不同程度地冲决。靳辅一时忙于堵塞决口，皂河工程被迫搁置。等到九月洪水消退之后，靳辅再次召集民工，准备继续挑浚皂河，不久又被连绵阴雨所阻。由此，皂河工程被再次拖延，直至康熙二十年（1681）正月才得以复工，三月初皂河挑浚工程告竣，遂开坝放水以济漕运。可惜好景不长，七月黄河再次出现暴涨，倒灌进入皂河，竟然将皂河口淤垫一千余丈。靳辅随即奔赴皂河，亲自督促挑浚、堵决事宜，终于在八月十五日，恢复皂河通航济运。

挑浚皂河的工程，从靳辅奏请施工，到完全告竣成功，前后持续两年时间。在施工的过程中，尤其是皂河口淤塞，使得这项工程历经曲折，一时间流言四起，但是靳辅丝毫不为所动，解释说皂河口之所以淤塞，完全是黄河连续暴涨导致的。因此他仍然坚持己见，竭力完成了挑浚皂河的历史任务。不过吸取了皂河口淤塞的教训，靳辅将皂河运口向东迁移至张家庄，是为张庄运口，并开凿一条支河，通过这条支河再进入皂河，使得皂河的通航能力大幅增强，这实在是利国利民的良心工程。

今天的江苏省皂河船闸管理所

高堰归仁诸堤修

修筑堤防是靳辅治河的重要手段，尤其是高家堰的增修，更是重中之重。高家堰，亦名高加堰，简称高堰，是我国第四大淡水湖洪泽湖的东岸堤防，也就是洪泽湖大堤。高家堰的稳固与否，不仅关系到淮扬地区民众的安全，也极大影响河水安澜局面的形成。因此，河道官员都非常重视高家堰的修筑。明永乐年间，平江伯陈瑄曾修筑高家堰，阻障淮河东侵威胁运道和民田。万历年间，总河潘季驯提出“蓄清刷黄”“束水攻沙”的

小贴士：倒了高家堰，淮扬不见面

流传于淮扬地区的民间俗谚。高家堰是洪泽湖东侧的堤防，有“水上长城”之称。黄河南徙夺淮后，由于“黄强淮弱”，洪泽湖受到黄河倒灌的侵害，导致湖底不断淤垫抬升。为此，潘季驯等河臣实施“束水攻沙”“蓄清刷黄”的策略，使高家堰被越修越高，洪泽湖则成为名副其实的“悬湖”。一旦高家堰出现决堤，不仅运道受阻以至无法通行，淮扬地区民众的安全也必然受到巨大的威胁，因此在淮扬地区形成了这样的民谚。

策略，修筑堤防是实施这一策略的有效途径，高家堰的修筑在潘季驯治河活动中占据举足轻重的地位。

明清之际，河工设施失修已久，高家堰也日趋残破。康熙十五年（1676），河患更加严重，比如各地遭受洪水侵害，黄河、淮河同时暴涨，导致清口以下的河道淤垫，河水不能畅流归海，其他诸如归仁堤、高堰大堤、清水潭等处均出现决口，浩荡奔腾的水流从各处决口一泄如注，冲毁运河大堤之后，在淮扬各州县漫溢，

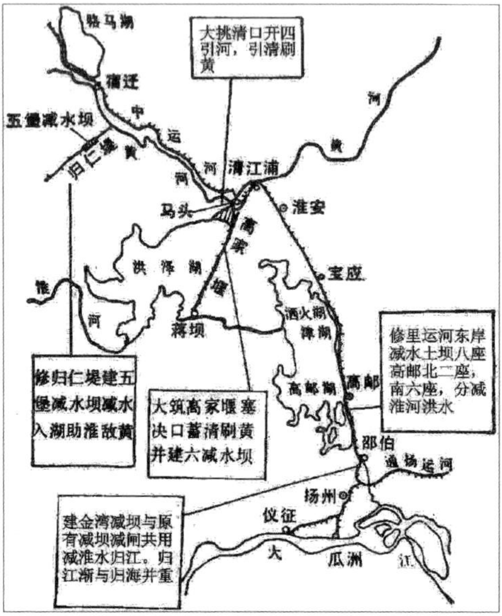

靳辅治理高家堰与运河工程示意图(《中国古代防洪工程技术史》)

顿成一片汪洋，更加重了各地泥沙淤积的情况。面对这些纷繁复杂的问题，靳辅认为河道治理已经刻不容缓，而且他清楚地认识到，增修高家堰是解决这些问题的关键。因此，在导黄入海工程完成之后，靳辅即组织民力来进行高家堰的修筑工程。

修筑之前，有一个问题一直萦绕在靳辅的脑海里，那就是高家堰历经修筑，为什么总是会出现冲决的现象，难道只是因为工程质量有问题吗？为了寻找答案，靳辅、陈潢沿着大堤展开实地考察。奇怪的是，修筑石工的堤段，因为受到风浪的强烈冲击，大多被冲毁倒塌下来，而没有修筑石工的堤段，却安然无恙。后来，陈潢以敏锐的治水经验，意外地发现这些堤段虽然没有堤工，不过有一些较为平坦的土坡，正是这些土坡巧妙化解了洪水的冲击力量，因此他建议应该在修筑高家堰的同时，在其旁边帮筑坦坡。果然，坦坡修筑之后，即便洪泽湖仍翻起了汹涌巨浪，当抵达坦坡时，只能乖乖地

小贴士：坦坡

清代治河的有效措施。一般来说，水是至柔之物，如果与之强行碰撞，必然会激起它的“怒气”；假如能够顺应它的话，水势自然就平和了。顺应水势，最有效的方法莫过于修筑坦坡，即在大堤以内的临河一面，通过堆筑大量的土方或石料，形成一处平坦宽阔的缓冲地带。当洪水来袭修筑大堤时，坦坡也随之修筑。大堤每增高一尺，坦坡则填筑八尺；大堤每增高一丈，坦坡则填筑八丈。其目的就在于使得坦坡高于水面，由此才能实现洪水经坦坡畅流下注的局面。

洪泽湖大堤石工墙

顺着斜坡流下，依靠坦坡的这种功能，高家堰防洪抗灾的效果更好了。

除了高家堰之外，靳辅还组织修筑了归仁堤。归仁堤位于洪泽湖西北的黄河南岸，明万历七年（1579），由潘季驯始筑于归仁集（今江苏省泗洪县境内），所以命名为归仁堤。归仁堤是针对睢水及永堌湖、白鹿湖等湖水而修建的，一方面是拦阻以上诸水注入洪泽湖，以此作为高家堰的外围屏障；另一方面，是让以上诸水由白洋河等处流注黄河，达到冲刷黄河泥沙的目的。有明一代，为了保护在泗州的明祖陵，作为其屏障的归仁堤，得到了比较充分地修筑。清初，不少河臣认为归仁堤与运道没有什么关系，大多忽视对归仁堤的修筑，以至于睢湖诸水倾注洪泽湖，黄河也倒灌白洋河，导致其河身淤垫成陆。结果，不仅淮扬水患变得愈发严重，而且运道也日趋淤塞不通。在靳辅之前的河臣，包括罗多、王光裕等人，开始重视修筑归仁堤，不过因为增建滚水坝、黄河故道未通等问题，导致归仁堤没有发挥应有的作用。

靳辅不仅对归仁堤的重要性有着比较清醒的认识，而且他对如何修筑归仁堤，也抱持着比较审慎的态度。为此，他和陈潢先后四次到实地勘察，得出初步的看法：如果只是增修归仁堤岸，并不能冲刷黄河的泥沙，再加上黄河南岸遭遇溃决的话，一道归仁堤必然是阻挡不了的。因此，靳辅认为，对于归仁堤工程，不宜操之过急，等到时机成熟后再修也不迟。康熙十七年（1678），靳辅委派俞森等监理官，打造铁扫帚，并且雇募大型船只，即采用“溯流揭沙”的方法，康熙十八年（1679）春，黄

小贴士：溯流揭沙

一种治河方法。主要是借助水流，并用铁扫帚把河底的淤泥和沙土铲掉，以此实现疏浚黄河的目的。这种方法试图代替原来“寓浚于筑”的方法，虽然在成本上相对较低，不过疏浚的效果却很差。就像李祖陶所批评的：“想依靠区区的铁扫帚，就能把河浚深至二三四尺，这必定是不可能完成的事情。”

河下游河道被逐渐挑浚挖深，于是靳辅上奏，呈请从加固土堤、帮筑戗堤、大挑引河、堵塞决口等方面，展开归仁堤的全面修筑工程。奏疏呈上后，被康熙帝批准施行，到了康熙二十年（1681）三月，全部工程告竣。经过加固新筑后的归仁堤，再一次发挥了它助济漕运、保障民生的作用。

清水潭与杨家庄

筑堤是治河的重要手段，但是这并非一劳永逸之计。很多时候由于黄河、淮河水涨，会直接导致大堤决口，因此，设法堵塞决口，自然也成为靳辅治河的重要方面。在堵塞决口工程中，清水潭与杨家庄的两处大决口，是最为险要复杂的。

清水潭位于高邮湖东侧，在高邮湖的西南方向，接纳泗州、盱眙、天长等地山岭间的溪水，西北方向又恰值高堰大堤溃决，洪泽湖湖水肆意向东倾注，再加上黄河、淮河水流的倾注，造成地势低洼的清水潭一带，出现大小不等的决口，不久决口连成一片，汇聚而成汪洋巨浸。在靳辅之前，杨茂勋、罗多、王光裕等河臣，均曾试图堵塞清水潭决口，且已花费五十多万两白银，然而收效甚微。里下河州县田亩仍然尽沉水底，庐舍漂荡，百姓流离。更糟糕的是，前任河臣堵塞决口，非但未见实效，反而愈演愈烈，“屡塞屡决”，新

清康熙七年清水潭地震决口遗址

旧决口南北达三百余丈，水深达七八丈，每逢雷电交加、风起云涌的时候，漕船及官民商船都不敢贸然前进，不得不阻滞于此。康熙十五年（1676），尚书冀如锡勘察河工，估摸着清水潭堵决工程需花费57万两白银，而且还不能保证一定成功。

面对如此棘手的堵决工程，一开始靳辅心中也是没有底气的，幸亏有陈潢帮助他出谋划策。为了更科学地制定堵决计划，陈潢对清水潭的地理环境进行实地勘察。他发现自西向东，有多条河湖水流注入清水潭，导致其受水太多、负荷过重，一时间无法容纳才泛滥成灾。更重要的是，陈潢发现清水潭里的水深浅不等，离决口处越远的地方相对较浅，这一发现为清水潭堵决工程打开了突破口。为什么说这是一个突破口呢？因为清水潭决口的地方，不是一片茫无边际的汪洋巨浸，而是芦苇丛集的低湿洼地，根本没有泥土可供筑塞决口之用，这是清水潭堵决工程的难点之一。不过，在陈潢发现清水潭决口周边地带呈现深浅不等的特点之后，堵决工程形势则为之一变。

靳辅决定，先堵塞高家堰堤上的34处决口，逼令洪泽湖的水全部从清口向东流注，尽可能减轻清水潭来水的形势，然后再致力于堵塞清水潭决口。在陈潢的建议下，靳辅采取了“避深就浅”的堵决策略，也就是避开潭水深的地方，先从水浅的地方着手。具体方法是这样的，靳辅与漕运总督商量，让回空的漕船运载北方的胶土，至清水潭决口的浅水处，利用胶土筑成两道环形堤，两堤合龙之后将水围合在其中，然后再将水戽干殆尽，从中取土再筑新堤，如此循环往复，环绕清水潭的东、西两道大堤，终于修筑成功，同时借助在水中挑土

小贴士：漕运总督

官职名称。明景泰二年（1451）始设，驻淮安（今江苏淮安），管理漕粮的征收、交兑、运输等事，兼理淮安、扬州、庐州、凤阳四府及徐州、和州、滁州等地方事务，后来又兼管军务和河防等事，不过并非常设。清代，沿袭明制，设漕运总督，且定制为正二品官衔，仍驻淮安，掌管督理粮船过淮、率兵押运、催趱漕船等漕运事宜。所属有督粮道、管粮同知、通判等职官。清末，因海运兴起、河运废弃，光绪三十一年（1905），漕运总督终被裁撤。

清水潭马棚湾铁牛

筑堤的机会，开辟了一条长八百四十丈的新河，由此清水潭堵塞决口工程终于告竣。事成之后，靳辅上奏清水潭合龙一疏，康熙帝接到奏疏后龙颜大悦，当即颁赐新河名为“永安河”，取河水永远安澜之意。

康熙十六年（1677）七月，黄河在杨家庄决口，决口处宽二百余丈。当时可以泄水入海的河道只有一条，那就是黄河故道，但此故道竟然被淤成平陆。经过仔细筹划之后，靳辅决定从决口上游、下游同时治理。就上游而言，陈潢创造性地提出“开引堵决法”，也就是通过开凿引河的方式，减小上游水流对决口处的冲击力度；就下游而言，靳辅认为要想堵塞决口，必须先挑浚深通下游水道，要不然决口合龙之后，仍然没有归海之途，也是枉然。上游、下游配套举措规划妥当之后，便是如何让决口合龙的事情了，为此靳辅采取了筑坝断流的方式，也就是将决口处圈定在一个封闭的范围里，尽可能不受其他河道水势的干扰，这样的堵决效果自然更好。

靳辅把杨家庄堵决工程看得很重，将之视为大修计划完成前的重要一环，然而堵决工程进展得并不顺利。康熙十九年（1680）秋天，黄河水流暴涨，堵决工程逆势而行。至当年十一月，尚有四十余丈决口等待进埽堵塞，预计在次年二月可以完全合龙。没有料到的是，桃源县境水流出现大涨，突然冲走了十二路埽工，杨家庄堵决工程功亏一篑。此时，距离靳辅大修计划实施，已经超过三年，而黄河尚未得到根本治理，当年三月靳辅奏请惩处自己。四月，朝廷下达旨意，靳辅被革职留任，命令他戴罪立功，继续督促修治河工。康熙二十年（1681）十二月，杨家庄堵决工程终于合龙，黄河终于回归故道。

然而，与杨家庄堵决相配套的其他工程，比如挑浚下游河道、修建减水坝等，并未在限定日期内完成，其他需要增补修缮的工程也被迫延期，尤为糟糕的是，康熙二十一年（1682）正月黄河水流异常翻涌，导致杨家庄再次溃决。面对这样的困局，靳辅虽然心力交瘁，却仍然竭力补修抢救，二月底杨家庄决口终于转危为安。稍后，靳辅又根据自己切实的治河经验，对整个河道工程进行善后防治的措置，同时对各河工设施详细勘察，以便奏请朝廷派人莅临检阅。钦差的到来以及后来的康熙帝南巡，引发了朝堂上下对靳辅治河的讨论和争议。

第五章　朝堂河政争论生

据理痛驳崔维雅

康熙二十一年（1682）五月，朝廷派户部尚书伊桑阿等人，以钦差的身份视察河工。正当钦差大臣们准备出发的时候，候补布政使崔维雅向康熙帝呈上两本书，是他自己撰写的《河防刍议》与《两河治略》，在书中他对靳辅的治河理论与方法多持否定意见，尤其认为修建减水坝毫无益处，反而会引发决口，应该全部拆除。崔维雅对于减水坝的这一看法，正好中了康熙帝的下怀，于是就派崔维雅与其他钦差大臣一起赶赴江南勘察靳辅治河工程。

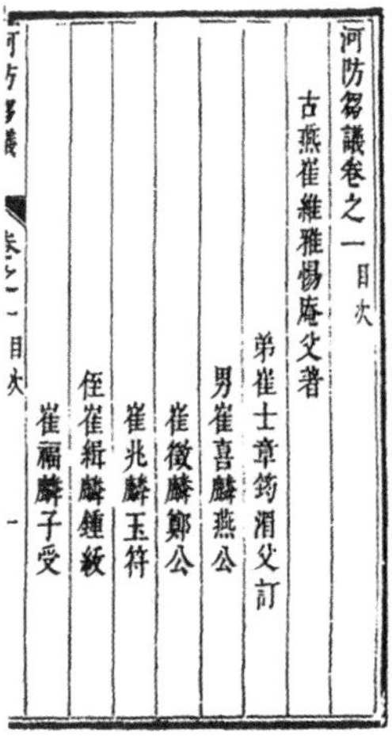
河防芻議卷之一　目次
古燕崔維雅昜庵父著
弟崔士章筠湄父訂
男崔喜麟燕公
崔徵麟鄭公
崔光麟玉符
侄崔緝麟鍾毓
崔福麟子受

《河防刍议》书影

小贴士：崔维雅

崔维雅，字大醇，号默斋，河北邯郸人。顺治三年（1646）举人，授任浚县教谕、仪封知县。后来参与堵塞封丘大王庙决口，被朱之锡推荐担任开封南河同知。康熙初年，又经王光裕推荐，擢升为河南河道副使。在河南任职期间，因为治河措施多有成效，颇受王光裕的赏识和重用，他的治河意见多被采纳实施。后来又担任河南按察使、广西布政使、大理寺卿等职。崔维雅治河主张疏导引河，使河水有所依归，颇见功效，著有《河防刍议》《两河治略》。

崔维雅对河道治理并非一窍不通。他曾在河南、浙江等地担任官职，其中在河南任职期间，因为治河有一定成效，受到总河王光裕的赏识。不过他所撰写的《河防刍议》与《两河治略》，并非建立在充分论证和实践的基础上，而是抄袭前人治河言论而成。退一步来说，即便崔维雅具备比较丰富的治河经验，不过那也是适合于河南境内的经验，他对于淮扬地区的了解是比较少的。因此，他与靳辅进行争论时明显处于劣势。

八月，伊桑阿等勘察河工完毕，因为靳辅、崔维雅的意见分歧较大，为了遵照康熙帝的旨意，即将治河意见商讨汇总后再行奏报，于是靳辅、崔维雅与钦差大臣们一同前往徐州，就治河问题先后举行三次当面讨论。由于靳、崔二人争论的问题较多，这里仅试举一例以作管窥之见。

崔维雅认为应该拆除减水坝，主张顺应水流特性，采取疏导与筑堤并举的策略。这样的策略靳辅当然知道，而且也在治河活动不断的实践与印证。不过对于拆除减水坝的观点，靳辅认为全无道理，崔维雅也不甘示弱，二人争论异常激烈。

靳辅说："你说减水坝不好，我说减水坝非常好。若不是有减水坝排洪泄水，高家堰与运河大堤怎么能承受得住？"

崔维雅说："一个减水坝，将来就是一处决口。"

靳辅反驳说："黄河上的减水坝，虽然尚未开启，不过高家堰堤及运河堤上的减水坝，已经试用两年，并没有发生决口。"

这足以证明减水坝对于泄洪排水，发挥了较有效的作用。在无可争辩的事实面前，崔维雅显得不淡定了，略带委屈地对靳辅说：“你不要怪我，是朝廷叫我来的。朝廷吩咐我仔细看看，该说的地方如实说，所以我才不得不说的。”

靳辅听了这话以后，随口接着说：“谁也没拦住不让你说，如果你说得有理，尽管去说，我断然不会不听。但是如今黄河、运河，皆依赖减水坝得以保全，你却叫我全部拆毁，这我怎么能够听你的呢？”

崔维雅还没有放弃争论，又说：“你还不知道吧？不只是我说你的减水坝不好，就连在京为官的江南人，也有不少说你的减水坝不好的。他们对我说，那些减水坝把我们江南的田地都淹没了。”

靳辅接着说：“你说这话就更是错得离谱，你是皇上派来的，怎么又说是诸位大人呢？况且没有减水坝以前，淮扬地区的七个州县，大片田地都处于汪洋大海之中，那个时候他们不说，现在处处耕种、遍地禾苗，反倒说把田禾都淹没了。这不是在颠倒是非吗？天底下哪有这样的道理？”

对此，崔维雅无言以对，只是支支吾吾地起誓，说自己没有什么其他心思而已。像这样的例子还有很多，总之，靳辅凭借充分的学识和敏捷的才思，把崔维雅批驳得一无是处，初步获得了这场唇枪舌剑的胜利。

然而，当时的萧家渡出现决口，的确也是不可否认的事实，而且崔维雅对于如何治河也提出了一些意见，由此伊桑阿等钦差大臣无法决断，不得不返回京城复命，将查勘实情禀告朝廷。经过一番讨论之后，康熙帝觉得崔维雅的意见似乎有可取之处，但是再看靳辅的奏疏，又明显发现崔维雅的方案无法实行。君臣讨论的结果是，应该让靳辅进京，当面陈述他的意见。

接到旨意后，靳辅不敢怠慢，心怀忐忑地奔赴京城。康熙二十一年（1682）十一月，朝廷组织讨论治河事宜，靳辅及诸多官员共同参加。康熙帝命令靳辅解释，靳辅说："臣自从受命治河以来，无时无刻不在尽心竭力，希望有朝一日能够大功告成。对于萧家渡决口工程，臣保证在来年正月一定完工。"虽然靳辅言辞恳切且作出保证，不过康熙帝对这样的解释并不满意。他责问说，河道冲决反反复复，先是杨家庄，然后是徐家沟，如今萧家渡再决，对于决口你总是不能预料得到，假如萧家渡决口堵塞之后，你能保证以后不会再决吗？靳辅听了康熙帝的指责后，心中更加局促不安，无奈之下只好说：“如果人的作为能做到位的话，那么天意或许是能够挽回的。”康熙帝也没有继续为难靳辅，让他发表对于崔维雅方案的意见，靳辅说崔氏的方案必不可行。经过权衡利弊之后，康熙帝认为崔氏方案耗费甚多，而且难以保证成功，表示同意靳辅的意见，命令他按照原计划督修，并在六个月内完工。康熙二十二年（1683）四月，靳辅奏报萧家渡合龙，黄河回归故道。对于这样的消息，康熙帝感到满意，甚至说有点惊讶。于是，同年十二月，靳辅得以官复原职。

圣祖南巡悯下河

康熙二十三年（1684），三藩叛乱被彻底平定，台湾郑氏也服从统治，全国政治局势逐渐稳定下来。在这种背景之下，康熙帝开始把政务处理的中心，转移到治河事务上来。于是在当年十月，31岁的康熙帝，开始了他人生中的第一次南巡，亲自巡视靳辅治河的措施和成就。十七日抵达山东郯城县，在红花埠驻跸休息，靳辅则前往迎接圣驾，以便引导观览河工。

在靳辅等人的陪同下，康熙帝漫步于黄河、淮河、运河堤之上，对河道形势、工程进展及灾情民生等，一一加以询问和了解，并且就治河事务道出了自己的感受和看法。他对靳辅说：“朕向来留意关心河务，经常在宫中仔细阅览河防类书籍，以及你历年所呈献的河工地图，对于各险工决口的地方也多加探讨。虽然已了解险工修筑有多难，不过未曾亲身来到河堤之上，对于汹涌漫溢的河道水势、远近高低的河堤水岸，不能完全了然于胸。如今翔实查勘地势，揣度地形，仔细观察，获知萧家渡等处，皆是水流猛烈冲击的地方，非常凶险。在此修筑的河堤与堰坝，必须经常加以防护。”可见，康熙帝虽然贵为天子，但也展露出他对河务的丰富学识和经验，既能对河道形势洞察入微，又能充分把握河道治理的宏观思路，今天看来仍令人佩服之至。

康熙南巡题诗碑

在巡视河工的过程中，康熙帝真切地感受到靳辅治河的效果，对河水安澜、漕运畅通的崭新局面连声称赞叫好，不由得龙颜大悦、心情舒爽。然而，康熙帝对于减水坝的设置和运行，却持有不同于靳辅的观点。康熙帝承认，减水坝对于泄洪排水颇有裨益，不过也有可能造成巨大损伤。假如遇到河水泛滥的时候，怎么能预知目前的减水坝，不会成为来年的决口呢？而且减水坝排泄到下河地区的河水，大多浸灌、淹没了民田。凡此种种，都是康熙帝不忍看到的。换句话说，康熙帝认为减水闸坝对于河工有益，不过对于百姓民生则无益，命令靳辅必须精细筹划、措置得当。

康熙帝对于减水坝的异议，在他南巡途经高邮时，变得更加坚定。当时高邮湖水泛滥，导致大量民田被淹，百姓被迫临水而居，康熙帝看到这一幕时，怜悯之情袭上心头。于是，他走上河岸步行十多里后，向当地老人问明这次水灾的原因，为了铭记此事，还特地作诗，曰：

淮扬罹水灾，流波常浩浩。龙舰偶经过，一望类洲岛。
田亩尽沉沦，舍庐半倾倒。茕茕赤子民，栖栖卧深潦。
对之心惕然，无策施襁褓。夹岸罗黔黎，跽陈进耆老。
咨诹不厌频，利弊细探讨。饥寒或有由，良惭奉苍颢。
古人念一夫，何况睹枯槁。凛凛夜不寐，忧勤怒如捣。
亟图浚治功，拯济须及早。会当复故业，咸令乐怀保。

康熙帝以真切诚挚的口吻，道出了对下河地区的怜悯和关怀，也表现出他锐意整治下河水利的决心，这种心情和志向溢于言表。同时，康熙帝经过访查获知，下河地区的水利问题，关键在于海口畅通与否。康熙二十三年（1684）十一月六日，为了更妥当地实施治理计划，康熙帝派遣吏部尚书伊桑阿、工部尚书萨穆哈等人，奔赴下河及海口进行勘察，要求他们弄清楚到底是否可以疏浚成功，如果可以，即便动用大量经费也在所不惜。

高邮“御马头”

十一月九日，康熙帝南巡返程，抵达淮安，便问靳辅，是否可以兼顾治理下河水利。靳辅回答说，目前大修善后工程尚未告竣，所以不能兼顾下河治理工程，于是把这一差事推辞掉了。从表面上看，靳辅说工程繁忙不能兼顾，实际上是因为靳辅对于开浚海口一事并不赞成。而康熙帝返回京师以后，对下河治理工程仍然挂怀，正好伊桑阿、萨穆哈等人勘察后回京复命，诸位官员对开浚海口一事商议，其结果是应该派河臣亲自前往下河，逐一详细勘察，比如车路河、串场河等水道以及白驹口、草堰口等处，究竟应该如何疏浚深通，以便宣泄下河水流入海。于是，一场关于下河及海口治理的争议，在康熙朝政务中激烈上演。

靳于之争暂搁置

所谓“下河”，主要指淮扬运河以东至东海之间的范围，具体包括清代淮安府的山阳、盐城与扬州府的宝应、高邮、江都、泰州、兴化等七个州县。这一区域的地势，呈现周边高、中间低的特点，尤其是兴化县素有“锅底洼”的俗称。当黄河、淮河并涨的时候，通过减水坝排出的水，必然以建瓴之势奔入运河，当运河不能容纳的时候，又会四处漫溢横流，虽然东部沿海有庙湾口、天妃口、石础口泄水，不过地势低洼的下河地区水患仍然非常严重。因此，康熙帝首先对减水坝持谨慎态度，其次倾向于开浚海口宣泄下河水流。

既然康熙帝有意开浚海口，靳辅又不愿身兼其事，于是康熙帝打算另派人选前去督理，此前被破格提拔的于成龙，再次进入康熙帝的眼帘。同时，向来善于揣摩圣意的九卿等诸位官员，当然捕捉到康熙帝任用于成龙的用意，于是他们向康熙帝上奏说：“应该派遣专任官员，负责海口与下河事务，安徽按察使于成龙颇有才华，可堪重用。臣等奏请朝廷下达旨意，派他前去治理。虽然黄河、海口处于两地，但是二者必须相互协调，治理的效果才会更好。靳辅治河时日已久，对河道水势、地理形貌，都比较熟知。因此，治理的一切事宜，都应该由靳辅详查奏报。如果下河工程成功，靳辅一并予以嘉奖；如果不能成功的话，将于成龙与靳辅一并论处。”这个奏议似乎合理可行，康熙帝表示同意。于是，时任安徽按察使的于成龙，就被调派负责疏浚下河及海口工程事宜，同时在具体的治理过程中，要受到总河靳辅的节制。然而，令康熙帝没有想到的是，他的这一决定和任命，拉开了下河治理争议的序幕。

于成龙塑像

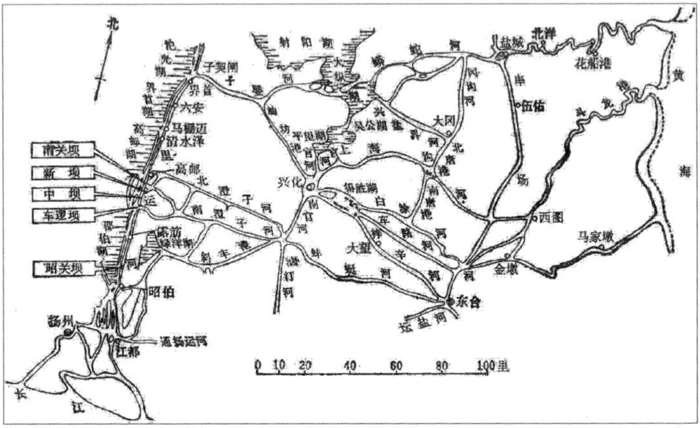

归海坝与里下河区形势图（《中国古代防洪工程技术史》）

为了报效皇帝的知遇之恩，也为了树立治河的卓著功绩，于成龙被委任之后，秉持康熙帝开浚海口的用意，即刻前往下河地区。不过因为下河治理工程，由靳辅统一筹划，所以于成龙必须事先征求靳辅的意见。靳辅诚恳地对他说，开浚海口这事先不着急落实，你应该到实地亲自勘察一番，然后咱们再商议具体的治理方法。可能靳辅曾设想，于成龙到实地勘察之后意见会发生改变。不过，于成龙勘察之后，仍然坚持开浚海口的意见，这便遭到了靳辅的强烈反对。为了公开表明自己的看法，靳辅给朝廷上了一道奏疏。他以范公堤为依据，指出宋代范仲淹修筑堤堰，来拦阻海潮的倒灌和侵

小贴士：范公堤

宋代修筑的抵御海潮的海堤。北宋天圣年间，范仲淹在泰州西溪担任盐官，鉴于唐代修建的捍海堰年久失修，海潮侵袭危及当地民众生活，于是向泰州知州张纶建议修筑海堤。张纶采纳了这一建议，上奏朝廷后获得批准实施。海堤修成之后，沿海泻卤之地皆成良田，百姓颇受其惠。为了感念范仲淹勤政爱民的功绩，后人将这条海堤称为“范公堤”。此后，范公堤屡经修筑，其长度续有增展。今天的范公堤，北起江苏阜宁县，经盐城、大丰、东台、海安、如东、南通等市、区、县，抵达启东市之吕四镇，全长五百八十余里。不过，由于堤东的淤涨土地，逐渐被开垦为田，从阜宁之东台的范公堤被修建为公路，其他堤段亦基本不复存在。

入，当地百姓颇受其惠。如今却要开浚海口以泄水，这不仅不能宣泄水流，地势低洼的下河地区，还会招致海潮的内灌。如果不能开浚海口，那么应该如何治理下河水患呢？对此，靳辅进一步指出，可以采用筑堤的方法，约束所有下泄之水，依靠水流形成的强大合力，居

范公堤遗址

高临下地泄入东海。

由此，在下河治理问题上，就形成了两种看法，一是于成龙主张的开浚海口，一是靳辅主张的筑堤束水，二人针锋相对、抵触颇深，陷入难解难分之中。康熙二十四年（1685）十一月，于成龙与靳辅奉诏入京，与九卿等诸位官员，共同商议下河工程事务。经过讨论，在朝廷其他官员中，也相应分化成两派，大学士明珠等人接受靳辅的提议，通政司参议成其范、给事中王又旦、御史钱钰等人，则接受于成龙的提议，两派意见同样相持不下，意见汇总到康熙帝那里也难以取舍。无奈之下，只好听一听在京为官的淮扬籍官员的意见，这些官员大多赞成于成龙、反对靳辅，其中以宝应人乔莱的意见最具代表性。乔莱说：“如果依从于成龙的提议，则下河工程容易成功，对百姓有利而无害。如果依从靳辅的提议，则下河工程难以完成，百姓的田庐坟墓，必定多被损毁。而且河堤加筑至一丈五尺，才能束水至一丈的高度，这比老百姓的屋檐更高。一旦遇到溃决，造成的灾害肯定不轻。”

以明珠为代表的官员则认为，虽然乔莱等淮扬籍官员支持于成龙、反对靳辅，不过这并不一定代表淮扬百姓的真实想法，应该派人前往下河地区，仔细询问当地父老乡亲的意见，康熙帝采纳了明珠等人的这一看法。所以，当乔莱等人呈上奏议时，康熙帝则下诏说：“乡绅的看法是如此，但不知老百姓是什么意见，浚河之事本来就应该以救民为重。”于是命令工部尚书萨穆哈、学士穆称额，即刻赶往淮安、高邮等地，会同徐旭龄、汤斌，详细征询地方父老，然后再做决定。康熙二十五年（1686）正月，萨穆哈等人回京复命，声称百姓都说挑浚海口无益，应该予以停止。康熙帝听后，意味深长地说：“海口关系到民生，本来应该开浚深通的。如今诸位官员都提议停止，那就视今年水势再斟酌吧。”至此，于成龙与靳辅关于下河治理的争议，暂且告一段落。康熙帝固然心系下河民生，不过靳辅从理性治河的角度出发，做出了更加妥当的筹划，甚至不惜以触犯龙颜为代价，这样的勇气着实令人敬佩。

开浚下河仍争议

虽然开浚下河及海口的提议，暂且被搁置起来，不过在康熙帝的内心深处，仍然牵挂淮扬百姓生计，并没有放弃这样的想法，不久一个偶然的事件让这一想法重新发酵，呈现愈发炽烈的态势。

康熙二十五年（1686）四月，江宁巡抚汤斌被擢升为礼部尚书，因为他曾会同萨穆哈、穆称额等人勘察海口，所以当汤斌抵达京师朝见康熙帝时，康熙帝偶然问及下河民众对于开浚海口的意见。此时，汤斌的回答与萨穆哈等人的意见基本相反，他认为应该先开浚下河淤高之地，以此来导引宣泄积水。汤斌还进一步指出，他的这一想法曾经与萨穆哈等人说过，不过因为当时各方议论纷纷，很难形成统一的意见。所以，当萨穆哈等人准备以开浚海口无益的方案，向朝廷奏报时，汤斌也是持默认态度的，不过汤斌始终认为下河工程暂停是可以的，但如果就此终止，显然非常失当。所以，当康熙帝再次问起这件事时，汤斌则把自己真实的想法表达了出来。

康熙帝听罢汤斌的看法之后，随即在次日召见穆称额，质问他为什么不将汤斌开浚下河的计划如实奏报，穆称额则以不知其计划来敷衍塞责。于是又传召盘问萨穆哈，虽然萨穆哈并未否认，不过认为汤斌的计划只是在闲聊时提及，并未真正列入共同商讨的议程之中。在这种模棱两可的情况下，这件事被交付廷臣议论。结果，肯定了汤斌开浚下河的计划，萨穆哈、穆称额被罢免官职。于是，这年五月，朝廷再次派遣工部侍郎孙在丰，前往下河地区督修工程。

七月，孙在丰偕同郎中鄂素等人，奔赴下河地区开展治理计划。在一番调查之后，他们确立了治理的总

高邮南关坝

体方针，那就是逐段疏导，并将具体疏导的工段奏报朝廷，获得批准施行。不过因为下河积水过多，导致开浚工程一再拖延。为此，孙在丰奏请将靳辅所修建的运河减水坝改建为闸。对此，康熙帝让孙在丰与靳辅商议核实。靳辅认为，设置减水坝的目的，就是根据水势、水量来灵活确定坝体宽窄的，如果把减水坝都改成狭窄闸座的话，则必然造成水流壅塞堆积，下河地区的灾害将更加严重。不过，孙在丰并未放弃改坝为闸的想法，再次上奏说，或许有些减水坝可以等到黄河河身变深之后再改，但是高邮州运堤上的大小各坝，必须立即予以堵塞，以便开浚下河。

康熙帝心里明白，如果不堵塞减水坝的话，仍然会有所减之水注入下河，下河及海口工程肯定无法实施，不过他也在顾忌，如果堵塞减水坝，万一造成运堤溃决，后果同样不堪设想。于是，康熙帝命令大学士等人会同审查靳辅关于疏浚海口的奏疏，究竟有没有堵塞减水坝的看法。结果发现，靳辅曾奏请只将高邮州北的小闸坝闭塞，同时奏请在高邮州南与邵伯镇南修建两座大石闸，以便筑堤束水归海。大臣们同时奏请应该让靳辅、孙在丰同时来京，当面商议讨论此事。康熙帝见这些大臣故意推诿，不无愤怒地说，开浚下河势在必行，因为减水坝不得不酌情闭塞，所以孙在丰不必匆匆来京，只让靳辅一个人来就行了。

康熙二十六年（1687）正月，靳辅奉命来到京城，先与大学士等官员碰头商议塞坝之事，初步结果是靳辅同意闭塞部分减水坝，但是高家堰的减水坝万万不能闭塞。康熙帝说，闭塞小坝根本不起作用，关键是闭塞高家堰大坝。于是又把靳辅召来当面查问。虽然靳辅仍然据理力争，高家堰等处的大坝不可闭塞，不过康熙帝强行决定暂时闭塞诸多大坝。闭坝之事已定，康熙帝随即命令孙在丰火速准备河工物料，开浚下河及海口的工程开始施行。

下河工程开始动工不久，就出现了一些问题，比如孙在丰难以驾驭下属官员，以及河工经费短绌，孙在丰却向百姓恶意加征税银等，这些问题让康熙帝对孙在丰丧失信心，同时他对靳辅的治河经验和方法，仍然挂记在心。于是，康熙帝又把下河治理的重任转移到了靳辅身上。七月，康熙帝命令靳辅的儿子靳治豫前往位于清江浦的河道总督公署，嘱咐他问清楚其父对于下河治理有何良策。靳辅得知儿子的来意之后，觉得这是一次可为自己申辩的好机会，于是立马与陈潢详细筹划，并把下河治理计划整理成文，拟为《钦奉上谕条陈下河》一疏，让靳治豫带回京师复命。

在这道奏疏中，靳辅首先阐释了下河水患形成的历史过程，其次继续重申他反对开浚下河及海口的理由，最后着重提出了治理下河水患的方法。此时，对于下河治理问题，靳辅的想法也发生改变，他认为，“杜患于流，不若杜患于源”，在这一原则的基础上，他建议在高家堰大堤内，修筑一道“大重堤”，约束高堰减水坝所减之水，向东北注入清口，由此洪泽湖水便不再倾注

小贴士：重堤

一般来说，堤防可分为缕堤与遥堤等类型，其中缕堤临近河道，较易受到湍急水流的冲击，遥堤则距离河道较远，成为抵御水患的第二道屏障。为了进一步增强防御水患的能力，又会在遥堤之内再修筑一道堤，这就是重堤，也叫夹堤。明成化年间，曾在高邮湖堤东侧修筑重堤，两道堤之间形成河道，船只在河中行驶，避开了湖浪汹涌造成的风险。

洪泽湖大堤“国泰民安”刻石图案

下河，下河水患自然可以逐渐消减。

靳辅的这道奏疏呈上后，康熙帝命令将奏疏交给时任直隶巡抚的于成龙参详，征求一下他的意见。于成龙看过之后，提出“下河宜挑不宜停，重堤宜停不宜筑”的观点，与靳辅的意见完全相反，一时间康熙帝难于决断。于是，又命令户部尚书佛伦等人前往下河，会同两江总督董讷、漕运总督慕天颜，翔实勘察商议后再做决定。佛伦等人回奏说，靳辅的下河计划可行有效，不过孙在丰、慕天颜等人却不同意，康熙帝命令诸位大臣再详细讨论。不久，因为太皇太后病情加重，这次下河议事再次暂停。

正当这次争议悬而未决的时候，江南道御史郭琇的一纸奏疏，把靳辅推到了政治舆论的风口浪尖之上。

第六章　宦海浮沉真相白

群言四起被罢职

康熙二十七年（1688）正月，太皇太后去世，康熙帝服丧期满后，不顾过度悲伤劳累，毅然在乾清门听政议政。当时，江南道御史郭琇上疏参劾靳辅，他说，陛下委任靳辅治理河道多年，时而奏报建议筑堤，时而奏报建议挑浚，或者奏报决口堵塞，等等，前后耗费国家数百万银两，至今却没有收到什么成效。又说，或奏请设置河道官员，或奏请设置河厅官员，搞得河工道厅之中各类闲杂人员达一百多人，却从来没出现用人得当的效果。关于靳

孝庄皇太后朝服像

辅用人不当的问题，郭琇主要针对的是陈潢，特别提到了开浚下河一事，他说：“陛下体恤民情，要求开浚下河，希望拯救淮扬七个州县的百姓，而靳辅却偏信幕僚陈潢，百般阻挠开浚下河的计划，应该立即加以严厉惩处。”可见，郭琇在奏疏中，靳辅治河的功劳被全部抹杀，并且突出了他对康熙帝的顶撞和违抗，要求严肃处理靳辅。

而轰动康熙朝野的“明珠案”，使得郭琇对靳辅的弹劾，卷入了更加残酷的政治斗争之中。在皇嗣立储问题上，明珠站到了康熙帝的对立面，然而仅仅依据这一罪名罢黜明珠，显然有点底气不足。巧合的是，此时靳辅在下河治理问题上，与康熙帝的意见颇不一致，再加上大臣对靳辅的肆意污蔑和攻击，使得康熙帝对靳辅逐渐产生偏见。靳辅担任总河职务恰恰是明珠举荐的，明珠对于靳辅的治河主张大多持赞同意见。由此，康熙帝就以靳辅治河为突破口，来达到罢黜明珠的政治目的。所以，当郭琇上疏参劾靳辅的时候，康熙帝问他朝廷中有没有掣肘河务的人，作为靳辅的坚强后盾。善于察言观色的郭琇，很快明白康熙帝的暗示用意，不久他就再次上疏参劾明珠，最重要的一条理由是明珠勾结靳辅、

小贴士：明珠案

清康熙年间发生的弹劾明珠事件。明珠（1635—1685），姓叶赫那拉氏，满洲正黄旗人。起初，明珠仅担任宫廷侍卫，后来凭借自身的学识和睿智，尤其是精通满汉文化，历任内务府郎中、内务府总管、刑部尚书、吏部尚书、武英殿大学士、太子太傅等显要职务。又因在平定三藩、统一台湾、抵御沙俄等重大事件中，发挥建言献策的关键作用，成为康熙朝赫赫有名的大臣之一。康熙二十七年，御史郭琇上奏参劾明珠，在奏疏中罗列他结党营私、受纳贿赂等罪状。在皇嗣立储问题上，明珠与康熙帝意见不合，当御史郭琇参劾明珠时，触碰到了康熙帝的敏感神经，于是下旨严查，最终明珠、勒德洪一干人等，或被罢免官职，或被公开处决，朝廷上下引起巨大轰动。

掣肘河务。于是，康熙帝就以背公营私等罪责，罢免了明珠等人。

虽然靳辅在“明珠案”中没有被革职，不过也加速了他被罢黜命运的到来。郭琇在批判靳辅的奏疏中，除了治河无功、用人不当之外，还有更重要的一条是屯田

慕天颜像

问题。所谓屯田问题，起因于靳辅的一项奏议。康熙十七年（1678），盱眙县翟家坝堵塞工程告竣之后，山阳、宝应、高邮、江都四州县西侧诸湖，其水体逐渐干涸变成滩地。靳辅遂上奏建议，应该广泛招徕民众垦种，让原来的贫困之地逐渐成为肥沃乐土，由此不仅可以增加国家赋税收入，而且也可使民众富足起来，真可谓利国利民。但是事与愿违，屯田这一提议让靳辅备受非议。郭琇指出，靳辅以屯垦为名，大肆侵夺百姓田地，并将垦种所获米麦货物越境售卖。在郭琇的奏疏呈上后，平时看不惯靳辅的诸位官员，大多以屯田为主要理由，纷纷加入参劾靳辅的行列。户部尚书王日藻上奏说：“臣等共同商议后认为，屯田一事连累百姓，应该停止实施。”漕运总督慕天颜、御史陆祖修也上奏疏说，靳辅屯田连累百姓，其中陆祖修表示靳辅已恶贯满盈，极力要求罢免靳辅官职，并且以帝舜殛禹打比方，暗示应该处死靳辅。康熙帝也认为屯田只对廷臣有利，而对老百姓造成的危害是非常大的。不仅屯田，康熙帝还认为靳辅所主张的修筑重堤，也是危害百姓的举措。

一时之间，靳辅成为众人共同攻击的对象，但是他本人很不服气，上疏请求为自己辩护。在奏疏中，靳辅首先回顾了受任总河以来的点点滴滴，这十多年来自己与陈潢不畏艰辛、任劳任怨，竭心尽力地督修河工，经过几番周旋与波折，终于使河政从敝坏至极转变为畅通安澜的局面。这些功绩成就，难道那些人都视而不见吗？为了还自己一个清白，靳辅对那些攻击他的人逐一加以驳斥，揭露他们诬陷谋害的罪恶行径。靳辅说，郭琇和于成龙早就结交为兄弟，郭琇与孙在丰是同年进士，陆祖修为诸生时，曾拜慕天颜为师，又是孙在丰的教习门生，刘楷和陆祖修也是同年进士。可见，这些人依靠既有的社会关系朋比为奸，结成了一张攻击自己的舆论网络。

更重要的是，靳辅一针见血地指出，攻击他的人在下河地区占有大片田地，是当地不折不扣的豪强地主，而清丈田地等措施，触犯了这些人的经济利益，因此这些人肆意诽谤诬陷他。康熙帝接到靳辅的奏疏后，鉴于他的治河成绩，觉得应该给靳辅自我辩护的机会，于是就召集九卿等诸位官员，与靳辅进行面对面地辩论。讨论会上，明显地分为两派，郭琇、于成龙等人继续攻击靳辅，而佛伦等人则怀挟私心，偏向支持靳辅，此时争论最激烈的仍是靳辅和于成龙，讨论的议题仍是开浚下河、修筑重堤、屯田兴垦。靳辅申辩说，对于屯田一事，初衷在于上裕国库、下惠民生，没想到下属官员执行时偏离方向，导致民怨沸腾，这样的实情我无可争辩，唯有听候处分，对于其他事情我仍坚持己见。对于靳辅的这种固执态度，公然对抗违背旨意，不仅让九卿等大臣对他的顾忌加深，也让康熙帝对他产生疏离感，靳辅陷入孤立无援的境地。即便如此，靳辅仍据理力争。经过反复辩论，康熙帝更理性地认识到靳辅治河的成效，但是诸位大臣向靳辅发难的箭已在弦上，不得不发。这年三月二十四日，康熙帝谕令吏部，先将总河靳辅革职，以观后效，再作裁定。

义友含冤与世辞

在靳辅不断受到攻击和污蔑的同时，身为幕僚兼密友的陈潢，自然不能幸免于难。郭琇在批判靳辅的奏疏中说到，靳辅治河策略的形成，完全是听命于陈潢意见的结果，因此，至今仍无成效的治河工程，陈潢肯定难辞其咎。郭琇又拿屯田一事大肆发挥，恶意诋毁陈潢，他说："陛下已经洞悉屯田连累百姓，前去勘察的各位大臣也深知其害，那么靳辅、陈潢的罪过已经了如指掌。陈潢是在为靳辅谋得一己私利，这对国计民生完全没有裨益，急功近利之心重且坚，他们真是国家的蠹虫、百姓的公敌！监司、佥事是何等尊贵的职位，怎么能容忍一介小人冒名占据，来快慰靳辅满足自私的心意呢？应该立即斥逐革职，加以严肃惩处。另外，遴选清廉敏练的大臣整顿河务，这样才能获得治河成功的效果，亿万生灵也才能永享其利。"在郭琇的笔下，陈潢善于沽名钓誉，行一己之私，谋一家之利，是一个彻头彻尾的卑鄙小人！

郭琇的这番言论，也让康熙帝对陈潢的为人定了性，下达谕旨对九卿等大臣们说，"陈潢原本就是一介小人，全国上下尽人皆知，他所提出的屯田建议，江南人没有不埋怨的，难道你们就没有听说过这些怨言吗？"面对康熙帝如此不讲情面的斥责，诸位大臣惶恐万分，连忙回应道：“屯田确实有害于百姓，万万不能实行。”与靳辅一样，陈潢也成为众矢之的。所以，当靳辅被革职的时候，陈潢也被革除佥事道的职衔，并被处以流放三千里、杖四十大板的重刑。自从康熙十六年（1677），陈潢襄助靳辅治河，前后十一年间竭心尽力，出谋划策，最后却遭到如此冷酷的处罚，陈潢心中悲愤交加，无法接受这样的现实，冤屈无处申诉，导致一病不起，不久之后便离开人世。

回望陈潢的一生，是辛苦操劳的，也是悲哀困顿的。他自幼究心于水利之学，然而科举仕途不顺，幸好后来遇到了靳辅，被礼聘为幕僚。与其说是靳辅的幕僚，倒不如说是密友，二人性情相投，同甘共苦，每当

小贴士：佥事道

清朝官职名称。顺治年间，沿袭明代旧制，在各省分设守道、巡道，协助藩司、臬司处理地方政务，称为佥事道，由郎中、员外郎、主事、同知补授担任，官阶正五品。

《康熙帝南巡图卷·康熙帝临河》（《话说中国》第十四卷）

遇到治河问题时，靳辅都会虚心向陈潢请教，征求他的意见，可以说靳辅治河的诸多思想与方法，都是在与陈潢切磋、商议的过程中形成的。因为陈潢的博学多才，所以颇受靳辅的器重。二十三年（1684），康熙帝南巡阅河，驻跸郯城县红花埠时，向前来迎驾的靳辅问道，手下有没有得力之人可堪重用，靳辅以陈潢做出应答，这是靳辅第一次向康熙帝推荐陈潢，然而并没有加以擢用。二十六年（1687），孙在丰开浚下河难以施展，康熙帝命靳治豫向其父靳辅询问良策，下河治理计划制定之后，靳辅拟就奏疏呈上，文末他特地申明，这项计划出自陈潢之手，并且表明自己身体虚弱多病，希望将来不能继续治河时，能由陈潢代替自己完成未竟的事业。

此时，康熙帝考虑到陈潢治河有功，授予他佥事道的职衔。后来，因为治河争议不断升级，陈潢卷入其中、深受其害，这个佥事道的职衔也被罢免，由此一蹶不振，最后在愤恨郁积中走完自己的人生苦旅。

然而，事实胜于雄辩，陈潢的治河才华，不可能因为某些人的污蔑而埋没，尤其是中河的告竣改变了靳辅的命运，慕天颜、于成龙等人阻挠河工的劣迹败露，康熙帝的再度南巡，也更深切地观察到靳辅、陈潢治河的功绩。后来，靳辅第三次被授任总河，故地重游，别有一番滋味在心头。以前总是有陈潢在旁协助，现如今物是人非，靳辅情难自禁，他对陈潢的含冤而死也自觉有愧。为了表达心中的歉疚，靳辅写了《义友竭忠疏》这一篇长长的奏疏，一来是乞求告慰陈潢的在天之灵，二来也是想为陈潢鸣冤平反，恢复他的职衔和名誉。然而，各部商议之后却认为，陈潢去世已有三年，对于靳辅的请求不予理会。这真是让人唏嘘不已啊！不过本来就是一个空头职衔，即便恢复了又有什么意义呢？倒是靳辅的这篇情真意切的疏文，让我们看到了他们早已超出了主从关系，成为一对同甘共苦的知己挚友。今天，我们仍可通过这篇疏文，真切了解到陈潢的博学多识、劳苦功高，就此而言，也是一件值得庆幸的事情。

中河告竣奠功绩

明代初期，纵贯南北的大运河开通后，成为国家漕运及其他商品货物转输的要道。不过，在较长的一段时间里，徐淮地区经常借助南徙的黄河行运，为了避开黄河航运遭受风浪冲击的风险，明代中期以后，诸位河臣官员先后开凿泇河、通济新河以便转运。清康熙年间，靳辅主持开凿的皂河，也是基于避黄行运的目的，但船只从清口出淮河后，至宿迁以南的二百里运道，仍然在借助黄河通航。由于重载的船只逆流而上，经常需要雇募多名纤夫拉船通行，行船速度非常缓慢，每天只不过通行数里，有时候甚至需要两个月才能进入北运口，且水势湍急，风涛险恶，稍有不慎，就会人仰船翻，行程非常危险。经此渡河者，无不胆战心惊，将之视为畏途。

康熙二十六年（1687），靳辅上疏奏请开凿中河，即从清口行驶七里左右，便可由仲家庄闸进入中河，途经桃源、宿迁等县，行驶一百多里接入皂河张庄运口。

泗阳运河畔的泗水阁

奏疏上呈御览后，康熙帝给予大力支持。于是，从宿迁县起经桃源、清河等地，在其境内黄河北岸的遥堤、缕堤之间，依循旧河走向另外开凿了一条河道，是为中河。此后，不仅拦马河等地减水坝所减之水，可以经由中河向东畅流，减轻淹没农田的危害，而且船只出清口后，不数里就可以进入中河，避免雇募纤夫挽船的苦楚和人船漂没沉溺的危险，这使得往来于此的商民均沾实惠。因为中河的开凿，使徐淮运道完成了黄运分流的历史任务，以至于将靳辅、陈潢开凿中河的功劳，与宋礼开凿会通河、陈瑄开凿清江浦河相提并论，这一评价不可谓不高，也确实是实至名归的。

中河告竣的时间是康熙二十七年（1688）正月，三月这一令人震惊的消息传至朝廷，正值靳辅治河案争议胶着之时，康熙帝及诸位朝臣无暇顾及。等到四月初，靳辅已经被革除总河职务，朝廷才开始关注中河开通的事情。因为新任总河王新命还没有就任，康熙帝就命令内阁学士凯音布、侍卫马齐武等人，前往勘察中河是否可以永通漕运。不久，凯音布等人勘察完毕返回京师，上奏疏称："中河之内商贾船只通行不绝，如果堵塞各支河口的话，那么骆马湖的水则可以汇入中河。水势变

骆马湖的夕阳风光

大之后，漕船也就能够通行了。”

康熙帝听到凯音布等人的奏报后，召集各位大臣商议此事，他说，“以前于成龙上奏，说靳辅开凿中河，没有什么裨益，还连累百姓，河道都已经被靳辅搞坏了。然而，数年以来，河道未曾冲决过，漕船也没有耽误过。如果说靳辅治河，一点裨益也没有的话，不只是靳辅个人不服，朕的心里也过意不去啊。”接着对于成龙展开严厉批评，说他怀挟私仇，阻挠河务，这样做是非常不妥的。同时，慕天颜阻挠河务的行径也被揭露出来，凯音布奏称：“在中河之内行驶的漕船，被慕天颜勒令退回，而且不准堵塞支河口，以增加中河水量，慕天颜如此阻挠河务，极为可恶。”鉴于慕天颜的这种恶劣行径，康熙帝随即命人速将慕天颜缉拿审讯，搞清楚这到底是受谁唆使，真相自然全部显露出来。康熙帝气愤地说：“像这种人，不加重惩治的话，肯定是不行的。”不过，康熙帝倒是忘了，自己也曾对靳辅治河颇多非议，此时则把责任全部推卸给了诸位大臣。

为了更确切地了解当前河务的实情，康熙帝又派遣兵部尚书张玉书、刑部尚书图纳等人，前往实地勘察河工，并叮嘱说：“你们到那里看看，是就是，不是就不是，一定要如实上奏。”同时，康熙帝命令九卿等官员，对慕天颜和靳辅进行审讯和查问。经过一番讯问之后，慕天颜把与于成龙相互串通、参劾靳辅的事情，一五一十地供认出来。后来又向于成龙求证，于成龙则说对于挑浚中河无益的说法，是得自于道听途说的传闻，自愿承担妄议之罪。康熙帝下诏，于成龙继续担任直隶巡抚，慕天颜则被关押禁闭，等到巡河大臣回京时再定夺。

康熙二十七年（1688）八月，张玉书等人巡河完毕，上奏疏说：“黄河堤岸颇高，河身逐渐刷深。数年以来，虽然遭遇大水，不过并未冲出堤岸。河身淤垫的说法，纯属虚妄之言。”对于中河，他们说，河宽八九丈至十余丈不等，河深五六尺至一丈四五尺不等，从中河行船，可以免去一百八十里的黄河险段，甚为便利。经过核查，河工的其他诸多方面，亦多依据靳辅的计划有序运行。康熙二十八年（1689）正月，康熙帝第二次南巡，巡视河工，靳辅虽已被革职，不过仍命令他随行，康熙帝特地询问开浚中河的策略，此时，靳辅的回答显示出了他在官场历练后的圆滑世故，他说，微臣正是根据陛下巡视河工的要求来做的，发现这确实是一举多得的决策，康熙听了这番话感到非常称心。三月，康熙帝谕令大学士，靳辅治河有功，商民称颂，于是下旨恢复靳辅原有官品。由于康熙帝的公开表态，使郭琇、于成龙、慕天颜等人精心策划、污蔑陷害的冤假错案，终于被平反，靳辅的声誉和功绩随之彰显。

第七章　劳绩昭然美名传

抱病受命终尽瘁

靳辅被革职后，由王新命接替总河，不过王新命任职期间，毫无治河建树，根本无法与靳辅相提并论。更严重的是，康熙三十一年（1692）二月，王新命因为挪用河库银，被运河同知陈良谟揭发，因而被罢免总河职务。不久，吏部奏请让漕运总督董讷继任总河，不过康熙帝否决了吏部的奏议，他说："朕摄理朝政以来，以三藩、河务、漕运为三件大事，朝夕念念不忘，曾经把它们书写悬挂在宫中柱子上，至今仍然存在。倘若河务不能量才为用的话，一时间漕运就会被耽误，关系重大。不过董讷这个人性情苛刻，恐怕他会败事有余。而靳辅对河务谙熟历练，趁他还没有完全年迈体弱，让他来掌管治理河道，也能纾解数年的顾虑"，于是下旨谕令重新授予靳辅河道总督的职位。从中可见，康熙帝的

靳辅塑像

这次任命，几乎是一种奴役使唤的口气，听起来让人倍感凄凉。

从靳辅的立场来说，他极不情愿再当这个河道总督。此时的靳辅已近风烛残年，又因长年跋涉于河工之上，风吹日晒、辛勤劳苦，看上去更显憔悴和衰老。况且，陈潢已蒙冤而逝，不仅身边少了一个得力助手，更主要的是这对靳辅造成了巨大的精神打击。陈潢辛劳半辈子，最后却落得如此凄惨的结局，对此靳辅感到万分愧疚，认为是自己连累了陈潢。想到这些，靳辅怎么还有心思去做河道总督呢？因此，他曾极力以疾病缠身加以推辞，最终没有获得康熙帝的允准。在赴任之前，靳辅接到诏令赴京，康熙帝审视他的近况，发现确实大不如前，考虑到靳辅的衰老体弱，于是命令顺天府丞徐廷玺，前往协助管理河务。靳辅随即由京师先至济宁赴任，这是他第三次担任总河。

当时，恰值陕西西安府、凤翔府发生严重饥荒，康熙帝命令截留二十万石江北漕粮，由黄河转运至山

江南河道总督署

西蒲州等地，以备救荒赈济之用。靳辅到济宁后得知，今年江北漕粮已经由中河北上几百余里，如果再转道南返的话，转运时间肯定大大拉长。于是，靳辅向漕运总督董讷移送咨文，就从江南漕粮船只之中选择一些轻便的，在清河县截留部分漕粮向西转运，后来鉴于江北漕船更为坚固，改用江淮等卫船只转运漕粮。其间，靳辅已从济宁奔赴清江浦河署，亲自料理转运事宜，不久又溯河西上，亲自勘查各处险工，五月抵达开封。因为开封以西的黄河深浅不一，靳辅一面督促漕船尽快转运，一方面雇募民船，随时挑浚淤浅，随时换船盘剥，以便快速行进，康熙帝嘉奖靳辅实心任事。但从六月初开始，黄河伏汛水涨，从三门峡以下汹涌奔腾，呈建瓴直下之势，大量船只漂没沉溺。靳辅深知，从荥泽至孟津这段黄河运道，水流更加迅急。正在为漕粮西运筹划的时候，靳辅不堪连日奔波劳累，病倒在荥泽。

靳辅自知时日无多，便上疏奏请让儿子靳治豫前来荥泽，以叙父子之情，同时在奏疏中陈述个人病情，康熙帝准允靳辅返回清江浦调理身体。在淮卧病静养期间，靳辅还不忘关心河工事务，仍对黄河、淮河、运河的治理进行总体筹划，提出了不少建设性意见。不久，因为病情再度加重，靳辅上疏请求辞去总河职务，康熙帝还是没有准许，只是让靳治豫再次前去探视。靳治豫还没抵达淮安时，靳辅的第二道辞职奏疏又传送至京城。康熙三十一年（1692）

靳公神道碑

十一月的一天，康熙帝终于准允靳辅辞职，也正是这一天，靳辅病逝于清江浦的官署，结束了他风风雨雨的坎坷人生，终年60岁。靳辅的死讯传至京师，对于失去这么一位治河人才，康熙帝深感悲伤与惋惜，命令吏部举行祭葬仪式，钦赐谥号曰“文襄”，并且特地准许靳辅的灵柩从清江浦进入都城后，再返回其位于河北满城的祖居地。王士祯在为靳辅撰写的墓志铭文中，称靳辅治河“其利益在国家，其德泽在生民”，可以说，靳辅一

小贴士：王士祯

王士祯（1634—1711），字贻上，号阮亭，别号渔洋山人，新城（今山东桓台）人。清代文学家。顺治十二年（1655）进士。十六年（1659），选授扬州府推官。后来，官至刑部尚书。王士祯擅长古文、诗词创作。在诗歌方面，他提出“神韵说”，即以神情韵味为诗歌的最高境界，这一思想影响很大，门生众多，成为清初诗坛的盟主和领袖。他的著述颇丰，著有《带经堂集》《带经堂诗话》《渔洋山人精华录》等，辑有《古诗选》《唐人万首绝句选》等，又撰《池北偶谈》《香祖笔记》《古夫于亭杂录》等。

生都是在为国家和人民奔波操劳，“鞠躬尽瘁”正是他不辞辛劳、实心任事的人生写照。

建祠立庙颂劳绩

王士祯为靳辅撰写的墓志铭文，还曾写道：“河伯效灵波沄沄，黄淮不复忧清浑。扬徐千里禾稼繁，漕艘百万如腾骞”。可见，经过靳辅、陈潢十多年不辞辛劳的努力，黄河、淮河、运河呈现出顺畅安流的良好局面，不仅漕运船只畅行无阻，苏北等地区的庄稼长势也繁茂喜人，当地百姓一致称颂靳辅的卓著劳绩，对靳辅充满着浓浓的感恩情意。康熙三十五年（1696），当地士民呼吁捐资为靳辅修建祠庙，河道总督董安国将这一请求上奏朝廷，获得批准。

康熙帝对靳辅的治河劳绩，也是铭记在心的。康熙四十六年（1707），康熙帝第六次南下巡视。返回京师以后，对九卿等官员盛赞靳辅治河。他说：“今年朕南巡阅河，沿河百姓没有不称颂靳辅的，说他所修的工程极其坚固。自从明末李自成决坏黄河后，河道失修，如今经过靳辅的努力修筑，河道堤防基本没有毁坏，这都是靳辅的功绩啊。而且，他主持开凿的中河，粮船避免了一百八十里的黄河之险，这些能以寻常的眼光来看待吗？前后几任总河，都比不上靳辅，地方军民都有为靳辅立碑的想法，只是畏惧张鹏翮罢了。靳辅去世至今已有十余年，朝廷上下没有为他奏请功绩，然而他的功绩却是不可泯灭的。”康熙帝随即谕令吏部，追赠靳辅太子太保的职衔，并且授予骑都尉的世袭职位。

自此以后，靳辅的治河劳绩仍然被不断传扬。雍正帝阅览靳辅所著《治河方略》之后，得知此前靳辅治河劳绩卓著，意欲嘉奖，以广皇恩。雍正五年（1727），在已赠太子太保和世袭职衔的基础上，雍正帝又命令吏部追赠靳辅工部尚书的职衔。雍正七年（1729），命令江苏巡抚尹继善择地建祠立庙，这座祠庙就是位于

雍正帝朝服像

小贴士：四公祠

位于清江浦，祭祀靳辅、齐苏勒、嵇曾筠、高斌。起初，为遵照雍正帝旨意而修建靳文襄公祠，用来祭祀、追怀靳辅；雍正十二年（1734），鉴于齐苏勒、嵇曾筠治河有功，将其二人也入祀该祠，即称为三公祠；乾隆四年（1739），高斌也得以入祀，遂称为四公祠。道光年间，仍为当地一处胜景。现已不存。

清江浦的四公祠。道光年间，麟庆担任河道总督，曾为四公祠写了一副楹联，文曰：“本来上界神仙，喜功德在民，辉联俎豆；同是盛朝臣子，愿灵明牖我，绩奏江湖。”另外，雍正八年（1730），雍正帝曾下诏在京师修建贤良祠，表彰功臣，靳辅亦入祀其中。这样看来，在靳辅去世之后，他的卓著劳绩确实被广泛传颂，比他在世的时候要风光得多，这给后人留下深切怀念的同时，也不免生发一种难以名状的感伤。

至今运河赖通波

纵观靳辅治河的十余年，有很多感慨值得抒发。在清初河政窳坏之际，靳辅临危受命担任总河。上任之初，在幕僚陈潢的襄助下，就拿出一套河道整治的大修计划，这对于迫切希望扭转河务的康熙帝，无疑具有极大的吸引力。在康熙帝的充分支持下，靳辅按部就班地实施治河计划，比如疏浚清江浦至云梯关的下游水道、修筑高家堰归

小贴士：云梯关

位于江苏省响水县黄圩镇境内，被称为“江淮平原第一关”，是中国古老的海关。南宋以后，黄河南徙侵夺淮河入海，此地当淮河入海口处，由于潮汐涨落、淤沙堆积的作用，其“形若云梯”，因而得名云梯关。历史上，云梯关为海防重地，明初设关戍守，成为大河卫的卫所驻地。嘉靖年间，修筑土城，抵御倭寇侵扰。万历年间以后，潘季驯等人实施“蓄清刷黄”“束水攻沙”的治河策略，使得大量泥沙经云梯关输送入海，海岸线逐渐向东扩展。康熙年间，海口已经下移五十多里。清代中叶，云梯关被裁撤。

仁堤、堵塞清水潭与杨家庄决口，以及新辟运口、挑浚皂河等。可以说，十余年来，靳辅与陈潢不辞辛劳、栉风沐雨，使得康熙朝河政呈现焕然一新的面貌。

虽然如此，但是也遭遇了各种争议和非难。首先发难的是崔维雅，不过靳辅依凭精妙的治河思想和辩论才能，搞得崔维雅逻辑全无，根本不能自圆其说。不过在靳辅治河的过程中，也出现了不少变数，导致治理成效没有充分展露，反而给自己招来了口舌之尤，尤其在开浚下河及海口问题上，靳辅与康熙帝的想法基本相反，于成龙、孙在丰、郭琇、慕天颜等人，纷纷以用人不当、屯田垦种等理由攻击、污蔑，最终导致靳辅罢职、陈潢冤死的可悲结局。后来，中河告竣后，靳辅治河的成效充分显现出来，康熙帝及雍正帝先后追赠功名、建祠立庙，以示朝廷的嘉奖和认可。

靳辅十余年的治河实践，给后人留下了丰富的水利遗产，很多工程虽然历经风霜变迁，不过从中仍然可见靳辅治河的深刻影响。而且，靳辅把他的治河实践和经验诉诸文字，为后世留下了关于治河的历史文献。康熙帝第一次南巡期间，曾对靳辅说：“如今河道治理成功了，你应该写一本关于治河的书。”靳辅回答说：

"臣确实有这个心思，不过因为河务繁忙，还没腾出时间来写。"康熙帝说："你抓紧时间写，如果再过两三年，河道仍然安澜的话，你就将书呈奏上来，以便传之后世，为治河者永远效法。"这便是靳辅《治河方略》诞生的缘起。此外，《治河奏绩书》《靳文襄公奏疏》

小贴士：《治河方略》

靳辅的代表作之一。原名《治河书》，成书于康熙二十八年（1689），目前未见当时刊本。乾隆三十二年（1767），崔应阶根据靳氏家藏"八卷本"加以重编，改名为《靳文襄公治河方略》。全书除卷首外，分为十卷，包括图、川渎、诸泉、诸湖、漕运、河决、河道、治纪、章奏、名论、律例等名目。崔应阶重编该书略有删削，不过原书内容基本保留，尤其是陈潢《河防述言》《河防摘要》仍附于书末。《治河方略》一书，既吸取了历代黄、淮、运治理的经验和论述，又结合靳辅、陈潢自身的治河实践，成为中国河工史上的珍贵文献，并对后世治河产生重要影响。就版本而言，该书现有乾隆三十二年刻本，藏于中国国家图书馆；1937年，中国水利工程学会将其校印，收入《中国水利珍本丛书》，流传较广。

绿色生态的大运河

等，都是靳辅留给后世的历史文献，它们以一种无形的力量指导着今昔治河的理论和实践。

运河是人类改造自然的重要印迹，是祖先留给我们的丰富遗产。2014年，中国大运河历时八年终于申遗成功。中国大运河之所以能够成功申遗，不仅在于它悠长久远的历史，也在于它是一条“活态”的文化廊道，即仍在当今社会发挥航运、防洪、排涝等功能和作用。目前，国家正在积极实施与推进的南水北调工程，京杭大运河是其东线的主要载体，我们每一个人都有责任保护好、传承好运河文化遗产。如何保护好、传承好，这是

大运河的现代航运

一个值得深思的问题。或许从治河专家靳辅的身上，可以汲取到一定的力量，他不仅给我们遗留下有效可行的治河技术和经验，而且在治河困局面前，他的科学理性思维、坚忍执着精神，更值得我们去学习和践行。

参考文献

1.〔清〕靳辅著，〔清〕靳治豫编：《靳文襄公奏疏》，文海出版社 1967 年版。

2.〔清〕王士祯：《光禄大夫总督河道提督军务兵部尚书兼都察院右副都御史靳文襄公辅墓志铭》，收入钱仪吉编《碑传集》卷 75，文海出版社 1967 年版。

3. 赵尔巽等：《清史稿》卷 279，中华书局 1977 年版。

4. 李鸿彬：《靳辅》，收入王思治、李鸿彬主编《清代人物传稿》上编第 8 卷，中华书局 1995 年版。

5.《中国历史大辞典·历史地理卷》编纂委员会编：《中国历史大辞典·历史地理卷》，上海辞书出版社 1996 年版。

6. 刘兰霞：《水畅河清——治河专家靳辅、陈潢》，辽宁人民出版社 1997 年版。

7. 华人德主编：《中国历代人物图像集》，上海古籍出版社 2004 年版。

8. 侯仁之：《靳辅治河始末》《陈潢治河》，收入氏著《我从燕京大学来》，生活·读书·新知三联书店 2009 年版。

9. 毛振培、谭徐明：《中国古代防洪工程技术史》，山西教育出版社 2017 年版。

10. 中国历代人物图像数据库

http://diglweb.zjlib.cn:8081/zjtsg/mingren/index1.htm

本书部分图片由贾传军及清晏园、宿迁市博物馆、江苏省灌溉总渠管理处提供，谨致谢忱！